LEVEL ↑UP

TOPEL

Jr.

③

북 book&road
앤로드

Level Up TOPEL Jr. 3

초판 발행   2017년 10월 2일
초판 인쇄   2017년 9월 27일

글 쓴 이   (사) 한국역량개발평가원
기   획   (사) 한국역량개발평가원
감   수   (사) 한국역량개발평가원

펴 낸 이   최 영 민
펴 낸 곳   북앤로드
인 쇄 처   미래피앤피

주   소   경기도 파주시 신촌2로 24
전   화   031-8071-0088
팩   스   031-942-8688
이 메 일   pnpbook@naver.com

출판 등록   2015년 3월 27일
등록 번호   제406-2015-31호

I S B N   979-11-872-44-17-2   (63740)

TOPEL Jr.

01 TOPEL Basic(Kids)

2006년부터 시행해온 PELT Kids의 노하우와 경험을 토대로 개발된 영어 입문 단계로 보다 전문화, 특성화된 공신력 있는 영어시험입니다. PBT 시험 및 Tablet PC로 시험을 보는 TBT 두가지 형태로 시험을 제공합니다. TBT 시험은 안드로이드 앱 스토어에서 데모버전을 다운로드하여 테스트 하실 수 있습니다.

급수	영역	문항	총점	시간	합격기준	응시료
1급	듣기	30	200점	35분	120점	25,000원
	읽기	6				
2급	듣기	30	200점	30분	120점	

02 TOPEL Jr.

TOPEL Jr.의 1~3급은 개인,가정,학교,사회생활 등에서 흔히 접할 수 있는 소재나 주제, 사람등 다양한 영역에 관한 재미있는 그림으로 제시되어 영어공부의 흥미를 돋구어 줍니다. 기본적인 영어 실력을 갖추고 있으면 어렵지 않게 합격할 수 있어 영어에 대한 자신감을 키워줍니다.

급수	영역	문항	총점	시간	합격기준	응시료
1급	듣기	33	200점	55분	120점	27,000원
	읽기	22				
	쓰기	5				
2급	듣기	32	200점	50분		
	읽기	18				
	쓰기	5				
3급	듣기	33	200점	45분		
	읽기	12				
	쓰기	5				

03 TOPEL Intermediate

교육부 기준의 중고등학교 교과과정의 어휘에 맞추어 출제되어 내신을 대비할 수 있습니다

급수	영역	문항	총점	시간	합격기준	응시료
1급.2급(3급)	듣기	30(30)	200점(200점)	70분(60분)	120점	29,000원
	어법	10(5)				
	어휘	10(5)				
	독해	15(15)				
	쓰기	5(5)				

04 TOPEL Intermediate Speaking & Writing

원어민 교수님과 1:1 말하기 평가를 실시하는 인터뷰 방식을 채택하고 있습니다. 영어 말하기, 쓰기 능력의 평가를 통해 각종 입시시 원어민과의 면접대비가 가능합니다.

구분	문제유형	내용	시간	총점	합격기준	응시료
Speaking	Step 1	Warm-up Conversation	30초	200점	1~8급	70,000원
	Step 2	Picture Description	2분			
	Step 3	Read & Talk	1분30초			
	Step 4	Impromptu Speech	2분			
Writing	문장완성하기/ 문장쓰기/ e-mail 답장쓰기/ 짧은작문		40분	200점		

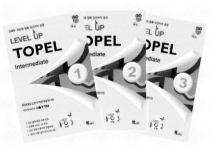

TOPEL 시험종류

TOPEL PBT

TOPEL은 1990년부터 전국단위 시험(구 PELT)을 시행해 온 유아 및 초·중·고등학교 대상의 시험으로서, 학생들 자신의 실력 평가가 가능한 체계화 된 시험입니다. 전국에 시험장을 운영하여 검정을 시행하며, 성적에 따라 전국, 지역별, 동연령별 순위분포 등을 알 수 있어 학습 성취 평가와 목표설정에 효과적입니다.

TOPEL IBT

현재 시행 중인 오프라인 TOPEL 자격 검정의 시간적·공간적 제약으로 인해 응시에 어려움을 겪고 있는 수요자의 고민을 해소하고자 IBT(Internet Based Test) 시스템을 적용해 응시자에게 편의성과 효율성을 제공합니다.

영어강사 자격증

실생활 및 교육과정에서 영어교육의 가치가 높아지면서 요구하는 강사의 수준 또한 함께 상승하고 있습니다. 이에 양질의 영어강사를 배출하고, 학습자로 하여금 보다 체계적인 교육을 제공하기 위해 영아강사 자격 검정을 시행합니다.

CAT-Scratch

Scratch는 주로 8~16세의 어린이·청소년을 대상으로 한 코딩 도구로 사용자에게 논리적이고 창의적인 사고 능력과 체계적 추론 능력을 향상 시키는데 큰 도움이 됩니다. CAT-Scratch 자격 검정을 통해 학습의지를 재고하고, 사고능력 향상에 기여하고자 합니다.

응시자 유의사항

1.원서접수 방법
소정양식의 응시원서를 작성하여 증명사진과 함께 전국지역본부 및 지정 접수처에 신청하거나 www.topel.or.kr 에서 인터넷 접수 하실 수 있습니다.

2. 합격자 발표
전국 지역본부 및 지정 접수처에서 발표하고, www.topel.or.kr 에서 인터넷 발표가 이루어집니다.

CAT-Scratch · 영어강사 자격증 · TOPEL 성적표 · TOPEL 합격증

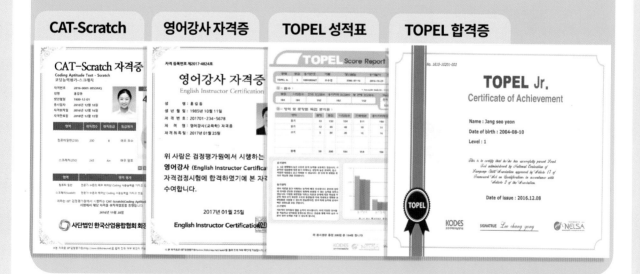

CONTENTS

1

한눈에 파악되는 유형 분석 PART

샘플 문제의 분석을 통해 출제의도를 파악하고 모든 유형의 문제를 대비할 수 있습니다.

LEVEL UP!
POINT

STUDY POINT

Study Point 코너에서는 최적의 학습 방법과 놓치지 말아야 할 학습 포인트를 확실하게 짚어 드립니다.

TIP

TIP 코너에서는 각 유형 문제마다 숨어있는 문제 해결의 핵심 비법을 알려 드립니다.

SCRIPT

오디오 음성을 듣고 스크립트의 빈 칸을 채워 보세요. 듣기 능력이 나도 모르게 향상됩니다.

NEED TO KNOW

Need to Know 코너에서는 각 유형에서 자주 출제되는 단어나 표현들을 총정리하여 알려 드립니다.

CD1-32

06 대화에 관한 구체적인 정보 고르기

4문항
각 4점

들려주는 대화를 잘 듣고 문제지에 제시된 질문에 적절한 응답을 고르는 문제로 총 4문항으로 구성되어 있습니다. 대화의 전반적인 상황보다는 구체적이고 사실적인 핵심 정보를 파악하여 응용하는 능력이 필요합니다.

▶ 문제지의 질문과 선택지를 먼저 정확하게 파악한 후, 들려주는 대화에서 해당 정보를 찾는 연습을 합니다.
▶ 시간이나 날짜와 관련된 문제들이 종종 출제되므로 숫자를 정확히 듣고 이해할 수 있도록 학습하고 이를 적절히 응용할 수 있도록 연습합니다.

Study point

SAMPLE

CD1-33

Listen to each conversation and choose the correct answer for the question.
대화 내용에 대한 질문에 적절한 답을 고르시오.

What is the boy's favorite season?
소년이 가장 좋아하는 계절은 무엇인가요?

① Spring
② Summer
③ Fall
④ Winter

TIP

대화를 듣기 전에 문제지에 주어진 질문과 선택지를 빠르게 읽고 내용을 파악합니다. 소년과 소녀는 각각 자신이 가장 좋아하는 계절과 그 이유에 대해 말하고 있습니다. 소년이 가장 좋아하는 계절을 묻고 있으므로 소년의 말에 좀 더 집중하도록 합니다.

해석
소년: 너는 어느 계절을 가장 좋아하니?
소녀: 봄이야! 그때는 꽃들이 아름다워. 너는 어때니?
소년: 내가 가장 좋아하는 계절은 겨울이야. 왜냐하면 눈을 가지고 놀 수 있거든.
① 봄   ② 여름
③ 가을   ④ 겨울
정답 ④

SCRIPT

B : Which _____ do you like best?

G : _____! Flowers are beautiful at that time. What about you?

B : My favorite season is _____ because I can play with snow.

Need
to
Know

□ **season**(계절) : spring(봄), summer(여름), fall[autumn](가을), winter(겨울)
□ **subject**(과목) : Korean(국어), science(과학), math(수학), art(미술), music(음악), P.E.(= physical education, 체육)
□ **sports**(운동) : soccer(축구), baseball(야구), basketball(농구), hockey(하키), football(미식축구)
□ **day**(날) : today(오늘), yesterday(어제), tomorrow(내일), the day before yesterday(그제),
   the day after tomorrow(모레)

24

2 풍부한 문제를 제공하는 Practice Part

유형마다 출제되는 문제의 수가 다른 만큼, 많이 출제 되는 유형의 문제는 더 많은 연습문제를 제공하였습니다. 또한 쉬운 문제에서 어려운 문제 순서로, 문항마다 문제의 난이도를 블록 형태로 알아보기 쉽게 표시하였습니다.

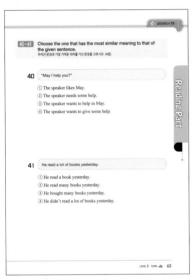

3 적중 확률 높은 실전 모의고사 Part

좋은 점수를 받기 위해 반복된 실전 같은 연습만큼 확실한 준비 방법은 없습니다. 철저한 시험 분석을 통해, 가장 출제 확률 높은 문제들로 총 4회의 실전 모의고사를 구성하였습니다. 모의고사의 모든 문제는 TOPEL 출제진의 검수를 통해 최신 출제 경향을 반영하였습니다.

4 숨은 고득점의 비법 정답 및 해설 Part

고득점의 비밀은 오답노트에 있습니다. 내가 자주 하는 실수나 부족한 부분을 중심으로 하는 학습만큼 효과적인 학습 방법은 없습니다. LEVEL UP의 정답및해설은 단순히 답만 제공하는 것이 아니라 자주 출제되는 단어나 표현들을 풍부하게 제공합니다.

주관 및 시행 기관, 협력 단체 소개

KODES(한국역량개발평가원)

국비 지원 해외 취업과 해외 인턴십 사업을 지원하여 전문적 인재 양성에 기여하고 있으며, 미래를 준비하는 학생들을 위한 올바른 교육 컨텐츠 및 평가에 대한 연구 및 개발을 하고 있는 서울교육청 산하 비영리 사단법인입니다. TOPEL의 모든 평가 문제는 한국역량개발평가원의 검수를 통해 한층 완성도를 높이고 있습니다.

NELSA

국가공인 실용영어 검정 시행 및 한국직업능력개발원에 정식 등록된 민간자격 시험인 TOPEL의 전 종목의 시험을 시행합니다. 전국 다수의 지방자치단체와의 협약으로 국내 우수한 어린 인재들의 양성 및 소외 가정의 학생 지원을 위한 사업을 진행하고 있습니다.

tvM

tvM, 다문화 TV는 다양한 해외 문화와 한국문화의 융합 방송이라는 비전을 지향하고 있습니다. 다양한 국내외 관련 정보, 외국어, 현장 소개와 한국과 각 나라들의 문화적 괴리를 최소화 시키고 네트워크를 직접 연결하여 모두가 만족하고, 활용할 수 있는 정보 전달을 지향하고 있습니다. tvM은 TOPEL과 전략적인 협업을 통해 국제화 시대에 살고 있는 국내 젊은 일꾼 및 학생들의 외국어 능력 증진에 기여하고 있습니다.

시험 소개

국가공인 실용영어

1990년도에 개발되어, 2002년도에 국내 최초로 제1호 국가공인을 획득한 검증된 평가시험입니다. 영어의 4 Skill(Reading, Listening, Writing, Speaking) 영역에 대하여 단계적, 체계적으로 평가할 뿐 아니라 Speaking 능력을 평가하는데 있어 국내에서 유일하게 원어민과의 직접대면평가방식(FBT)을 채택하고 있는 종합영어 평가시험입니다.

민간자격 TOPEL

유아 및 초, 중, 고등학생 대상의 시험으로서, 학생들이 국가공인 시험 수준으로 자연스럽게 도달할 수 있도록 자신의 실력에 따라 수준별 평가가 가능한 체계화된 시험입니다. 국내 최고 많은 수의 초·중·고 학생들이 채택, 응시하고 있는 시험으로서 직업능력개발원에 정식으로 등록된 민간자격 영어 시험입니다.

국가공인 실용영어 및 TOPEL 평가 LINE UP

	민간자격 등록			국가공인 민간자격 시험	
단계 :	기초단계	초급단계	중급단계	고급단계	
대상 :	유치부~초등2년	초등3년~초등6년	중·고생	대학생·성인	
종목 :	TOPEL kids (1~2급)	TOPEL Jr. (1~3급)	TOPEL Int. (1~3급)	실용영어1차 RC/LC	실용영어2차 S/W
영역 :	RC/LC	RC/LC/W	RC/LC/W	RC/LC	S/W

원어민 면접관 대면 방식 말하기 시험

Intermediate Speaking Test	Plus Speaking Test

TOPEL Jr. 레벨 구성

구분	TOPEL Jr. 1급	TOPEL Jr. 2급	TOPEL Jr. 3급
문항 수	총 60문항	총 55문항	총 50문항
문항 구성	듣기 33문항 읽기 22문항 쓰기 5문항	듣기 32문항 읽기 18문항 쓰기 5문항	듣기 33문항 읽기 12문항 쓰기 5문항
문항 형태	객관식 및 주관식	객관식 및 주관식	객관식 및 주관식
단일 문장	1문장 12단어 내외	1문장 10단어 내외	1문장 7단어 내외
대화 턴 방식	5행 (ABABA)	4행 (ABAB)	3행 (ABA)
지문의 길이	65단어 내외	40단어 내외	30단어 내외
시험 시간	55분	50분	45분
총점	200점	200점	200점
합격 점수	120점	120점	120점

TOPEL Jr. 평가 기준

• TOPEL Jr.는 생활에서 흔히 접할 수 있는 다양한 소제와 주제를 활용하여 단어, 문장, 대화, 글 등을 얼마나 잘 이해하고 표현하는지를 듣기, 읽기, 쓰기 영역을 통해 세분화하여 종합적으로 측정합니다.

• 듣기, 읽기, 쓰기와 같이 총 세 가지 영역으로 구성되어 있습니다. 듣기 시험의 경우 녹음 내용을 두 번 들려줍니다. 4지 선다형의 객관식 및 주관식(절충형)으로 출제 됩니다.

• 전체 취득 점수인 200점의 60%인 120점 이상을 취득한 경우, 합격으로 인정되어 합격증이 발급됩니다.

TOPEL Jr. 3급 유형 구성

TOPEL Jr.의 시험은 듣기, 읽기, 쓰기의 전 영역을 다루는 종합적인 평가 시험입니다. 또한 각기 설정된 난이도 기준에 따라 어린이들이 활동하는 범위를 가정생활, 학교생활, 사회생활로 구분한 뒤, 그 과정에서 체험하게 되는 여러 제반 상황 등을 기본적인 영어로 구성하여 어린이들이 이를 듣고, 제시된 그림에서 답을 고르게 하거나, 또는 제시된 글을 읽고 요구하는 답을 고르는 형식으로 이루어져 있습니다.

평가영역	TOPEL Jr. 3급 문제 유형	문항 수	배 점	시험 시간
Listening	1. 들려주는 단어나 어구를 듣고 일치하는 그림 고르기	5	20	약 30분
	2. 들려주는 문장을 듣고 일치하는 그림 고르기	6	24	
	3. 대화를 듣고 질문에 답하기 (삽화선택지)	5	20	
	4. 대화와 질문을 듣고 답하기 (삽화선택지)	4	16	
	5. 담화를 듣고 그림 고르기	1	4	
	6. 대화를 듣고 질문에 답하기 (문자선택지)	4	16	
	7. 들려주는 문장에 대한 적절한 응답 고르기	4	16	
	8. 그림 묘사하기	1	4	
	9. 자연스런 대화의 흐름 이해하기	3	12	
	Total	33	132	
Reading	1. 단어 찾기	2	8	약 15분
	2. 어법상 규칙에 대한 질문에 답하기	2	8	
	3. 문맥에 알맞은 단어 골라 문장 완성하기	2	8	
	4. 주어진 문장과 유사한 문장 고르기	2	8	
	5. 대화를 읽고 문맥에 알맞은 문장을 골라 대화완성하기	3	12	
	6. 자연스런 대화꾸미기	1	4	
	Total	12	48	
Writing	1. 그림 보고 주어진 철자를 알맞게 배열하여 단어 완성하기	2	8	
	2. 그림 보고 주어진 철자 중에서 알맞은 것을 골라 넣어 대화 완성하기 (첫 철자 제시)	3	12	
	Total	5	20	
TOPEL Jr. 3급 Total		50	200	약 45분

성적표

TOPEL Score Report

종목	등급	응시번호	이름	생년월일	응시일자	연령	응시지역
TOPEL Jr.	1	10001	박민수	2001.07.07	2014-10-25	12	서울

점수

※ Percentile Rank (%): 수치가 낮을수록 좋은 성적을 나타냅니다.

총점	나의점수	전국 최고점수	응시지역 최고점수	동 연령 최고점수	Percentile Rank (%)		
					전국	지역	동 연령
200	190	196	196	196	92.5	92.3	89.8

영역 및 문항별 득점 분석표

영역	문항	총점	나의점수	전국평균	응시지역평균	동 연령평균
듣기	33	103	110	88	89	86
읽기	22	77	65	50	53	49
쓰기	5	20	15	11	11	11
총계	60	200	190	149	153	147

듣기 영역
영어 대화를 듣고, 대화의 내용을 이해하고 이를 바탕으로 추론하는 능력이 우수합니다. 다양한 영어 표현의 습득과 사용을 생활화하여, 영어 청취 능력을 한층 더 향상시키길 권합니다.

읽기 영역
영어 지문을 읽고 이해할 수 있습니다. 영어 지문의 전반적인 흐름을 파악하는 독해 능력이나 특정 상황에 쓰이는 영어 표현을 읽어내는 능력을 향상시키기 위해, 영어 대화문 독해 연습을 꾸준히 할 것을 권합니다.

쓰기 영역
단어의 스펠링이 미숙하며, 문장구조를 정확히 구사하는 데 어려움이 있습니다. 스펠링까지 정확히 습득하여 문장구조에 맞게 사용하는 연습을 권장합니다
■ : 나의점수 ■ : 전국평균 ■ : 응시지역평균

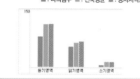

위 응시생은 총점 200 점 중 190점 입니다.

자격증

TOPEL Jr.
Certificate of Achievement

Name : HONG, GIL DONG
Date of birth : 1988.03.18
Date of issue : 2015.05.12

This is to certify that he/she has successfully passed Level 1 Test administered by National Evaluation of Language Skill Association approved by Article 17 of Framework Act on Qualifications in accordance with Article 2 of the Association.

SIGNATRUE Lee chang yong

NELSA

TOPEL Jr.에 관한 Q & A

Q 어떤 급수를 응시하면 좋을까요?

A TOPEL Jr.는 초등학생이 가장 많이 응시하는 시험입니다.
초등 2~4학년은 TOPEL Jr. 3급, 초등 4~5학년은 TOPEL Jr. 2급, 초등 5~6학년은 TOPEL Jr. 1급을 대체적으로 많이 응시하고 있습니다. 그렇지만 TOPEL의 모든 시험은 능숙도 시험으로서 자신의 영어 실력에 맞는 단계를 선택하는 것이 영어에 대한 자신감과 학습동기를 올릴 수 있는 바람직한 선택입니다.

Q 시험 신청은 어떻게 하나요?

A 시험 신청은 인터넷 신청과 방문 신청 두 가지 방법으로 하실 수 있습니다. 인터넷 신청은 TOPEL 홈페이지(www.topel.or.kr)에서 가능합니다. 방문 접수의 경우 시험장 기준 해당 지역본부로 방문하여 신청 하시면 됩니다. 인터넷 신청은 접수 기간에만 가능하며, TOPEL 지역 본부의 주소와 연락처는 홈페이지 (www.topel.or.kr)에서 확인할 수 있습니다.

Q 시험 준비물은 무엇이 있나요?

A 시험 신청 후 시험장에 갈 때 필요한 준비물은 신분증과 응시표, 그리고 필기구입니다. 초등학생이 TOPEL Jr. 시험 볼 경우 신분증 없이 사진이 부착된 응시표만 준비하면 되지만 국가공인 실용영어 1차, 2차와 같은 경우는 반드시 신분증이 필요합니다. 필기구는 컴퓨터용 연필과 지우개를 준비하시면 됩니다.

Q 합격 확인은 어떻게 하나요?

A 시험 합격 확인은 TOPEL 홈페이지(www.topel.or.kr)에서 조회 가능합니다. 사전 공지된 시험 발표일 오전 9시 30분 이후에 확인 가능합니다. 또한 시험을 신청하신 해당 지역 본부로 연락하시면 합격 여부와 각종 정보를 얻으실 수 있습니다.

Q 자격증은 어디에 활용할 수 있나요?

A 국제중학교, 특목고, 외고 등 중·고등학교 및 대학 입시 때 적용되는 입학사정에 필요한 개인포트폴리오를 작성하여 중요한 참고 자료로 활용할 수 있습니다.

Level Up

유형 분석 & 연습문제

Listening

Reading

Writing

01 단어나 어구의 의미를 나타내는 그림 고르기

5문항 / 각 4점

들려주는 단어나 어구를 잘 듣고 그 의미를 가장 잘 나타낸 그림을 고르는 문제로 총 5문항으로 구성되어 있습니다. 단어나 어구를 잘 듣고 그 의미와 발음하는 소리를 정확히 구분하는 능력이 필요합니다.

Study point

▶단어의 경우는 주로 주제별 비슷한 단어가 그림 선택지에 나오기 때문에 같은 종류나 주제를 중심으로 단어를 다양하게 익힙니다.

▶단어나 어구를 듣기 전에 각 그림 선택지를 살펴보고 해당하는 단어를 떠올리는 연습을 합니다.

S|A|M|P|L|E

 CD1-03

Listen to each word or phrase and choose the one that best shows the meaning.

들려주는 단어나 어구를 그림으로 가장 잘 나타낸 것을 고르시오.

SCRIPT

A school _____

TIP

A school bog은 '책가방'이라는 뜻입니다. 문제지에 제시된 그림들이 무엇이지 정확히 파악한 후, 해당 그림을 찾도록 합니다.

해석
책가방

정답 ①

Need to Know

□ a pair of pants 바지 한 벌 cf. a pair of pant / a pant (X)
□ a pair of shoes 신발 한 켤레
□ a pair of socks 양말 한 켤레
□ a pair of scissors 가위 한 자루
□ a pair of gloves 장갑 한 켤레
□ A pair of shoes is very cheap. 신발 한 켤레는 아주 싸다.
□ There is a pair of glasses. 안경 하나가 있다.

Practice

CD1-04

[1~3] Listen to each word or phrase and choose the one that best shows the meaning.

들려주는 단어나 어구를 그림으로 가장 잘 나타낸 것을 고르시오.

CD1-05

1 ① ② ③ ④

CD1-06

2 ① ② ③ ④

CD1-07

3 ① ② ③ ④

02 문장의 의미를 나타내는 그림 고르기 6문항
각 4점

들려주는 문장을 듣고 그 의미를 가장 잘 나타낸 그림을 고르는 문제로 총 6문항으로 구성되어 있습니다. 문장을 주의 깊게 듣고 핵심이 되는 단어나 어구를 파악하는 능력이 필요합니다.

Study point

▶ 품사별로 단어들을 익히되, 특히 다양한 동사, 명사, 형용사의 의미를 정확히 익혀둡니다.

▶ 위치를 나타내는 전치사의 의미를 정확히 익혀둡니다.

▶ 문장을 듣기 전 주어진 각 그림 선택지를 살펴보고 차이점에 초점을 맞추어 듣습니다.

S A M P L E

TIP

문장을 듣기 전에 먼저 문제지의 그림 선택지를 살펴봅니다. 소년이 입고 있는 옷이나 목도리, 장갑, 모자 등을 먼저 파악한 후, 들려주는 문장에서 소년이 무엇을 입고 있다고 말하는지 집중해서 듣습니다.

해석
내 남동생은 장갑을 끼고 있습니다.

정답 ③

Listen to each sentence and choose the one that best shows the meaning.

들려주는 문장을 그림으로 가장 잘 나타낸 것을 고르시오.

SCRIPT

My brother is wearing _____.

Need to Know

□ on ~ 위에

□ under ~ 아래에

□ behind ~ 뒤에

□ in ~ 안에

□ in the middle of ~ 중간에

□ in front of ~ 앞에

□ between ~ 사이에

□ above ~ 위에

□ next to, beside ~ 옆에

Practice

CD1-10

[1~3] Listen to each sentence and choose the one that best shows the meaning.
들려주는 문장을 그림으로 가장 잘 나타낸 것을 고르시오.

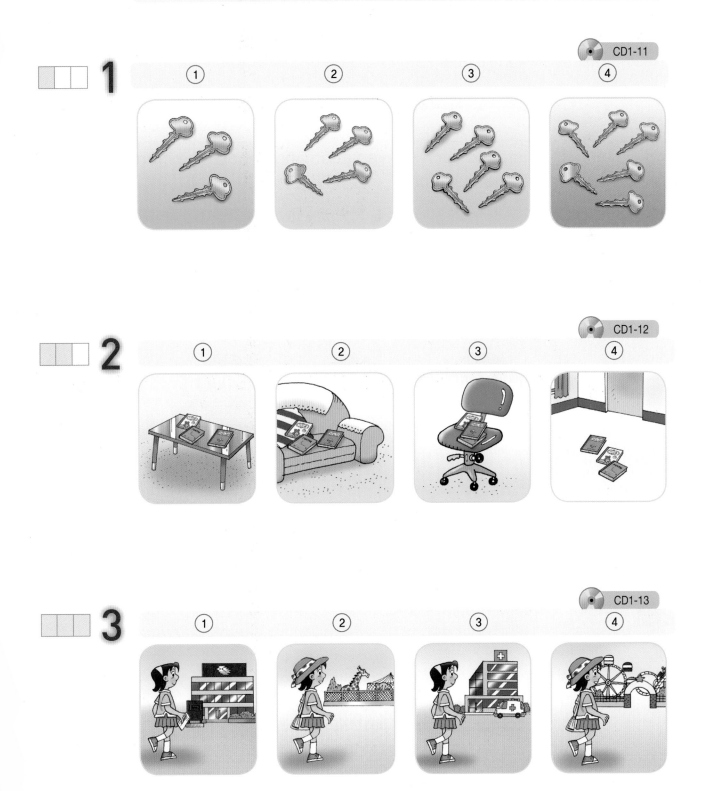

CD1-11

1 ① ② ③ ④

CD1-12

2 ① ② ③ ④

CD1-13

3 ① ② ③ ④

03 대화를 듣고 질문에 적절한 그림 고르기

두 사람의 대화를 듣고, 문제지에 제시된 질문에 대한 응답으로 적절한 그림을 고르는 문제로 총 5문항이 출제됩니다. 대화의 상황이나 구체적인 정보를 정확하게 파악하는 능력을 측정합니다.

Study point

▶ 대화를 나누는 장소나 상황별로 다양한 대화를 가지고 학습합니다.
▶ 대화에 나오는 숫자나 장소, 핵심 어구에 집중하여 듣습니다.
▶ 대화를 듣기 전 질문과 문제지에 제시된 그림을 먼저 파악하여 그에 해당하는 내용 중심으로 듣습니다.

S A M P L E

 CD1-15

TIP

먼저 질문의 내용과 그림 선택지에 제시된 시간을 정확히 파악합니다. 들을 때, 시간을 나타내는 숫자에 집중하여 듣도록 합니다.

해석
남자: (놀라며) 지금이 다섯 시야?
여자: 아니, 3시 15분이야. 저 시계는 안 맞아.
남자: 아, 그렇구나. 그러면 시계를 고쳐야겠다.

정답 ②

Listen to each conversation and choose the correct answer for the question.

대화 내용에 대한 질문에 적절한 답을 고르시오.

What time is it now? 현재 시각은 몇 시인가요?

①   ②   ③   ④

SCRIPT

M : (Surprised) Is it _____ now?
W : No, it's 3:15. That clock is _____ .
M : Oh, I see. We should _____ the clock then.

Need to Know

☐ It's three o'clock. 3시이다.
☐ It's three ten. = It's ten past three. 3시 10분이다.
☐ It's three thirty. = It's half past three. 3시 30분이다.
☐ It's three fifteen. = It's quarter past three. 3시 15분이다.
☐ It's two fifty. = It's ten (minutes) to three. 2시 50분이다. = 10분 전 3시이다.

Practice

CD1-16

[1~3] Listen to each conversation and choose the correct answer for the question.
대화 내용에 대한 질문에 적절한 답을 고르시오.

04 : 대화와 이어지는 질문을 듣고 적절한 그림 고르기

4문항
각 4점

들려주는 대화와 이어지는 질문을 잘 듣고 질문에 대한 응답으로 적절한 그림을 고르는 문제로 총 4문항으로 구성되어 있습니다. 대화의 상황이나 구체적인 정보 등을 파악하는 능력이 필요합니다.

Study point

▶ 특정 장소나 특별한 상황에 나올 수 있는 다양한 대화를 가지고 학습합니다.
▶ 대화의 주제가 무엇인지 먼저 파악하고, 그 주제에 대해 각각 두 사람이 어떤 생각을 가지고 있는지 집중하여 듣도록 합니다.
▶ 질문을 대화 후에 듣게 되므로 그림 선택지를 보고 질문을 예상할 수 있도록 연습합니다.

S A M P L E

 CD1-21

Listen to each conversation and the following question. Then choose the correct answer.

대화를 듣고 이어서 들려주는 질문에 적절한 답을 고르시오.

TIP

대화 속에서 소년과 소녀는 곧 다가올 겨울 방학에 무엇을 할 것인지에 대해 이야기하고 있습니다. 소년은 하와이에 계신 할아버지, 할머니를 방문할 것이라고 하고, 소녀는 스키를 탈 것이라고 말하고 있습니다.

해석

소녀: 곧 겨울 방학이 될 거야.
소년: 그래. 난 너무 흥분돼. 하와이에 계신 우리 조부모님댁을 방문할 거야. 너는 어떠니?
소녀: 나는 산으로 스키를 타러 가려고 해.
Q. 겨울 방학 동안 소년은 무엇을 할 것인가요?

정답 ④

① ② ③ ④

SCRIPT

G : We will have _____ vacation soon.

B : Yes, I'm so excited. I'll _____ my grandparents in Hawaii. How about you?

G : I'll go _____ to the mountains.

Q. What will the boy do during the winter vacation?

Need to Know

□ parents 부모님
□ grandparents 조부모님
□ father, dad/daddy 아버지, 아빠
□ mother, mom/mommy 어머니, 엄마
□ brother 남자 형제
□ sister 여자 형제

□ cousin 사촌
□ nephew (남자) 조카
□ niece (여자) 조카
□ uncle 숙부, 삼촌, 외삼촌
□ aunt 숙모, 고모, 이모
□ grandchild 손자, 손녀

Practice

CD1-22

[1~3] Listen to each conversation and the following question. Then choose the correct answer.
대화를 듣고 이어서 들려주는 질문에 적절한 답을 고르시오.

CD1-23

1 ① ② ③ ④

CD1-24

2 ① ② ③ ④

CD1-25

3 ① ② ③ ④

05 : 담화를 듣고 그림 고르기

들려주는 담화를 잘 듣고, 그 내용을 가장 잘 나타낸 그림을 고르는 문제로 총 1문항으로 구성되어 있습니다. 담화의 핵심 내용과 언급된 다양한 표현들을 잘 이해하는 능력이 필요합니다.

Study point

▶ 들려주는 담화의 내용이 중점적으로 전달하고자 하는 상황을 주의 깊게 듣습니다.
▶ 특정 사물의 형태나 쓰임, 동물의 습성, 인물의 외형 묘사나 인상착의를 설명하는 문제가 종종 출제되므로 이와 관련해서 자주 쓰이는 주요 표현들을 익혀둡니다.
▶ 그림 선택지를 먼저 살펴보고, 어떤 내용이 나올지 미리 추측하며 듣습니다.

S A M P L E

 CD1-27

Listen and choose the one that best shows what you hear.
들려주는 내용을 그림으로 가장 잘 나타낸 것을 고르시오.

TIP

먼저 그림 선택지를 보면 여러 동물들이 있으므로, 동물에 대한 이야기가 나올 것입니다. 들을 때 동물의 행동을 묘사하는 동사와 형태를 설명하는 형용사에 집중하여 듣도록 합니다.

해석

그것은 물속이나 땅 위에 모두 살 수 있습니다. 그것의 등에는 딱딱한 껍질을 가지고 있습니다. 그것의 색상은 보통 녹색입니다. 그것은 아주 천천히 걷습니다. 그것이 무엇인지 추측할 수 있나요?

정답 ②

①  ②  ③  ④

SCRIPT

(W) It can _____ both in the water and on the land. It has a hard _____ on its back. Its color is usually _____. It walks very _____. Can you guess what it is?

Need to Know

□ giraffe 기린	□ turtle, tortoise 거북
□ ostrich 타조	□ hippo 하마
□ crocodile 악어	□ cheetah 치타
□ rhinoceros 코뿔소	□ leopard 표범
□ deer 사슴	□ zebra 얼룩말
□ monkey 원숭이	□ koala 코알라
□ kangaroo 캥거루	□ polar bear 북극곰

Practice

CD1-28

[1~3] Listen and choose the one that best shows what you hear.
들려주는 내용을 그림으로 가장 잘 나타낸 것을 고르시오.

CD1-29

1 ① ② ③ ④

CD1-30

2 ① ② ③ ④

CD1-31

3 ① ② ③ ④

06 대화에 관한 구체적인 정보 고르기

들려주는 대화를 잘 듣고 문제지에 제시된 질문에 적절한 응답을 고르는 문제로 총 4문항으로 구성되어 있습니다. 대화의 전반적인 상황보다는 구체적이고 사실적인 핵심 정보를 파악하여 응용하는 능력이 필요합니다.

Study point

▶ 문제지의 질문과 선택지를 먼저 정확하게 파악한 후, 들려주는 대화에서 해당 정보를 찾는 연습을 합니다.
▶ 시간이나 날짜와 관련된 문제들이 종종 출제되므로 숫자를 정확히 듣고 이해할 수 있도록 학습하고 이를 적절히 응용할 수 있도록 연습합니다.

SAMPLE

TIP

대화를 듣기 전에 문제지에 주어진 질문과 선택지를 빠르게 읽고 내용을 파악합니다. 소년과 소녀는 각각 자신이 가장 좋아하는 계절과 그 이유에 대해 말하고 있습니다. 소년이 가장 좋아하는 계절을 묻고 있으므로 소년의 말에 좀 더 집중하여 듣도록 합니다.

해석
소년: 너는 어느 계절을 가장 좋아하니?
소녀: 봄이야! 그때는 꽃들이 아름다워. 너는 어떠니?
소년: 내가 가장 좋아하는 계절은 겨울이야. 왜냐하면 눈을 가지고 놀 수 있거든.
① 봄　　② 여름
③ 가을　　④ 겨울

정답 ④

Listen to each conversation and choose the correct answer for the question.

대화 내용에 대한 질문에 적절한 답을 고르시오.

What is the boy's favorite season?

소년이 가장 좋아하는 계절은 무엇인가요?

① Spring　　　② Summer
③ Fall　　　　④ Winter

SCRIPT

B : Which _____ do you like best?

G : _____ ! Flowers are beautiful at that time. What about you?

B : My favorite season is _____ because I can play with snow.

Need to Know

□ **season**(계절) : spring(봄), summer(여름), fall[autumn](가을), winter(겨울)

□ **subject**(과목) : Korean(국어), science(과학), math(수학), art(미술), music(음악), P.E.(= physical education, 체육)

□ **sports**(운동) : soccer(축구), baseball(야구), basketball(농구), hockey(하키), football(미식축구)

□ **day**(날) : today(오늘), yesterday(어제), tomorrow(내일), the day before yesterday(그제),
　　the day after tomorrow(모레)

Practice

CD1-34

[1~4] Listen to each conversation and choose the correct answer for the question.
대화 내용에 대한 질문에 적절한 답을 고르시오.

CD1-35

1 **How much should the boy pay?**
소년이 지불해야 할 금액은 얼마인가요?

① 2 dollars   ② 4 dollars

③ 6 dollars   ④ 8 dollars

CD1-36

2 **What is the girl's favorite subject?**
소녀가 가장 좋아하는 과목은 무엇인가요?

① Art   ② Math

③ Music   ④ English

CD1-37

3 **What did the girl do yesterday?**
소녀가 어제 한 일은 무엇인가요?

① She went to a concert.

② She did her homework.

③ She bought a concert ticket.

④ She met Jim with her friend.

CD1-38

4 **What should the boy do tomorrow?**
소년이 내일 해야 할 일은 무엇인가요?

① Take a test   ② Study math

③ Go to a party   ④ Call his friends

07 : 적절한 응답을 골라 대화 완성하기

들려주는 말을 잘 듣고 가장 적절한 응답을 고르는 문제로 총 4문항으로 구성되어 있습니다.
들려주는 질문이나 표현에 가장 자연스러운 응답을 고르는 능력이 필요합니다.

Study point

▶ 생활에서 자주 쓰이는 다양한 회화 표현을 익혀둡니다.

▶ 의문사의 의미를 정확히 익혀둡니다.

▶ 육하원칙, 즉 5W 1H를 이용한 질문에 적절하게 응답할 수 있도록 연습합니다.

S|A|M|P|L|E

 CD1-40

Listen and choose the best response.
들려주는 말에 대한 응답으로 가장 적절한 것을 고르시오.

① Before twelve.

② To the market.

③ With my friend.

④ In the afternoon.

TIP
질문이 지금 어디를 가고 있는지를 묻고 있습니다. 이에 대한 응답으로 가고 있는 장소에 대한 정보가 나와야 적절합니다.

해석
너는 지금 어디에 가고 있니?
① 12시 전에.
② 시장에.
③ 나의 친구와 함께.
④ 오후에.

정답 ②

SCRIPT

_____ are you going now?

Need to Know

□ When are you going to leave? (시간을 묻는 when)

□ Where do you live? (장소를 묻는 where)

□ Why do you get up early? (이유를 묻는 why)

□ How can I get there? (방법을 묻는 how)

□ What's the date today? (날짜를 묻는 표현)

□ What day is today? (요일을 묻는 표현)

□ How's the weather?/ What's the weather like? (날씨를 묻는 표현)

Practice

CD1-41

[1~4] Listen and choose the best response.
들려주는 말에 대한 응답으로 가장 적절한 것을 고르시오.

1

CD1-42

① Yes, I will.

② No, it is not.

③ No, I am not.

④ Yes, you can.

2

CD1-43

① It is mine.

② It is small.

③ It is sunny.

④ It is ten o'clock.

3

CD1-44

① By train.

② At home.

③ To see Chris.

④ For three hours.

4

CD1-45

① I paid $5.

② I read a book.

③ I bought a pen.

④ I like shopping.

08 그림 묘사하기

연속해서 들려주는 네 개의 문장 중에서 문제지에 제시된 그림과 일치하거나 일치하지 않는 것을 고르는 문제로 총 1문항으로 구성되어 있습니다. 그림 속 인물의 인상착의나 동작을 올바르게 표현하는지 아닌지를 식별하는 능력이 필요합니다.

Study point

▶ 그림의 배경이 되는 장소나 상황을 묘사하는 표현을 익혀둡니다.
▶ 그림 속 인물의 인상착의나 동작을 나타내는 표현을 익혀둡니다.
▶ 그림 속에 등장하는 사물의 위치나 상태를 묘사하는 표현을 익혀둡니다.

S|A|M|P|L|E

 CD1-47

Listen and choose the one that matches the picture.

들려주는 내용 중 다음의 그림과 일치하는 것을 고르시오.

① ② ③ ④

SCRIPT

① The girl is wearing a _____.

② The girl is _____ a picture.

③ The boy is holding the _____.

④ The boy is _____ under the tree.

Need to Know

□ wear a shirt/skirt/hat
□ wear pants/socks/shoes/sunglasses
□ sit on the chair/sofa/floor
□ sit under the tree
□ walk along the street
□ play with a ball

Practice

CD1-48

[1~2] Listen and choose the one that matches the picture.
들려주는 내용 중 다음의 그림과 <u>일치하는</u> 것을 고르시오.

CD1-49

① ② ③ ④

 2

CD1-50

① ② ③ ④

CD1-51

3 Listen and choose the one that does NOT match the picture.
들려주는 내용 중 다음의 그림과 <u>일치하지 않는</u> 것을 고르시오.

CD1-52

① ② ③ ④

29

09 대화의 자연스러운 흐름 이해하기

3문항
각 4점

연속해서 들려주는 네 개의 짧은 대화를 듣고, 그 흐름이 자연스럽지 못한 것을 고르는 문제로 총 3문항으로 구성되어 있습니다. 대화의 상황이나 분위기 등을 파악하는 것뿐만 아니라 질문과 응답이 적절한지를 식별하는 능력이 필요합니다.

Study point

▶ 일상생활 속에서 흔히 주고받을 수 있는 다양한 대화를 익혀둡니다.
▶ 의문사를 이용한 질문이나 Yes/No로 답하는 질문의 적절한 응답을 연습합니다.
▶ 조동사를 포함한 질문이나 주어에 따라 동사가 달라지는 질문에 대한 응답에 주의합니다.

S A M P L E

CD1-54

Listen to each of the four short conversations and choose the one that does NOT sound natural.

들려주는 대화를 잘 듣고 대화의 흐름이 <u>자연스럽지 못한</u> 것을 고르시오.

①   ②   ③   ④

TIP

의문사 When으로 시작하는 문장은 시간이나 때를 묻는 질문입니다. 이에 대한 응답으로는 정확한 시간이나 특정한 때를 나타내는 대답이 나와야 합니다.

해석
① 남자: 언제 집에 갈 거니?
  여자: 여기 있어요.
② 남자: 대단히 감사합니다.
  여자: 천만에요.
③ 남자: 이것은 너의 공책이니?
  여자: 응, 그래.
④ 남자: 그건 맛이 어때?
  여자: 맛이 좋아.

정답 ①

SCRIPT

① M : _____ will you go home?
  W : _____ it is.
② M : Thank you very much.
  W : You're _____.
③ M : Is this your _____?
  W : Yes, _____ is.
④ M : _____ does it taste?
  W : It _____ good.

Need to Know

☐ 제안, 권유하기
Let's go shopping.
What/How about go shopping?
Why don't you/we go shopping?

☐ 제안, 권유에 답하기
Yes. / Okay. / Sure. / All right! /
No problem. / (That) Sounds good. /
Sorry, but I can't. / No, thank you. /
I'm afraid I can't.

Practice

CD1-55

[1~4] Listen to each of the four short conversations and choose the one that does NOT sound natural.
들려주는 대화를 잘 듣고 대화의 흐름이 <u>자연스럽지 못한</u> 것을 고르시오.

CD1-56

1 ① ② ③ ④

CD1-57

2 ① ② ③ ④

CD1-58

3 ① ② ③ ④

CD1-59

4 ① ② ③ ④

01 | 단어 찾기

2문항
각 4점

그림 선택지로 제시된 단어들 중에서 문제지에 주어진 단어 띠에서 찾을 수 없는 것을 고르는 문제로 총 2문항으로 구성되어 있습니다. 여러 사물이나 동물들을 나타내는 단어의 의미와 철자를 정확히 구분하는 능력이 필요합니다.

Study point

▶ 동물, 꽃, 숫자, 색 등 다양한 주제별로 단어를 익힙니다.
▶ 단어를 공부할 때 그 의미를 정확히 파악합니다.
▶ 단어의 철자를 정확히 익힙니다.

S A M P L E

TIP

순서 없이 나열된 알파벳 띠에서 그림에 해당하는 단어를 골라내는 문제로 평소에 단어 학습을 통해 많은 단어를 익혀두는 것이 좋습니다. 또한 단어를 손으로 써 보면서 눈으로도 익히는 연습을 하는 것이 좋습니다. 벌, 나비, 바위를 나타내는 영어 철자를 기억합니다. 꽃은 flower입니다.

해석
bee 벌
butterfly 나비
rock 바위

정답 ②

Choose the one that can NOT be found.

아래의 띠에 <u>없는</u> 단어의 그림을 고르시오.

> beevqbflalroibutterflyicjrockh

① ② ③ ④

Need to Know

□ **fish:** shark, goldfish, tuna
□ **bird:** eagle, owl, sparrow, swallow, parrot, dove, pelican
□ **animal:** dog, cat, pig, cow, horse, mouse, chicken, duck, lion, wolf, giraffe, zebra
□ **flower:** rose, lily, tulip, sunflower, carnation
□ **number:** one, two, three, four, five, six, seven, eight, nine, ten, twenty, hundred
□ **color:** black, green, blue, red, yellow, pink, white, grey
□ **clothes:** shirt, sweater, skirt, pants, blouse, tie, coat, jacket
□ **month:** January, February, March, April, May, June, July, August, September, October, November, December
□ **day of the week:** Monday, Tuesday, Wednesday, Thursday, Friday, Saturday, Sunday

Reading

Practice

[1~3] Choose the one that can NOT be found.
아래의 띠에 <u>없는</u> 단어의 그림을 고르시오.

1

twodfdgfourdggsixeteteghtdge

① ② ③ ④

2

fishwrboatpxglasstrbishumberra

① ② ③ ④

3

capobzringydvskirtctupgrazlpwo

① ② ③ ④

33

문제지에 제시된 네 개의 선택지 중에서 형용사의 반대말이나 동사의 과거형 표현 등이 정확한지를 묻는 문제로 총 2문항으로 구성되어 있습니다. 다양한 형용사의 의미와 동사의 과거형 표현에 대한 규칙을 정확히 이해할 수 있는 능력이 필요합니다.

Study point

▶ 다양한 형용사의 의미를 정확히 파악하고, 해당 형용사의 반대말도 함께 익혀둡니다.
▶ 동사의 과거형 변화 규칙을 익혀둡니다.
▶ 일반적인 동사의 과거형 변화 규칙에 따르지 않는 동사들은 별도로 기억해 둡니다.

S A M P L E

TIP

여러 가지 형용사를 익혀둡니다. 하나의 형용사를 익힐 때 반대말과 함께 익혀두면 단어를 외울 때 훨씬 효과적입니다. '뜨거운'이라는 뜻의 형용사 hot의 반대말은 cold(차가운)가 적절합니다.

해석
① 오래된 – 나쁜
② 뜨거운 – 차가운
③ 느린 – 달콤한
④ 좋은 – 위대한

정답 ②

Choose the correct answer for each question.
질문에 적절한 답을 고르시오.

Choose the one that has the opposite meaning.
반대말끼리 올바르게 짝지어진 것을 고르시오.

① old - bad   ② hot - cold

③ slow - sweet   ④ good - great

Need to Know

반대말 함께 외우기

□ young ↔ old   □ good ↔ bad   □ slow ↔ fast
□ hot ↔ cold   □ tall ↔ short   □ large, big ↔ small
□ clean ↔ dirty   □ high ↔ low   □ happy ↔ sad
□ long ↔ short   □ easy ↔ difficult   □ thick ↔ thin
□ dark ↔ light   □ noisy ↔ quiet   □ dry ↔ wet
□ black ↔ white   □ here ↔ there   □ day ↔ night
□ go ↔ come   □ buy ↔ sell   □ push ↔ pull

동사의 과거형 표현하기

□ talk → talked   □ watch → watched   □ play → played
□ love → loved   □ like → liked   □ dance → danced
□ cry → cried   □ study → studied   □ try → tried
□ enjoy → enjoyed   □ play → played   □ stay → stayed
□ stop → stopped   □ plan → planned   □ drop → dropped

Practice

[1~4] Choose the correct answer for each question.
질문에 적절한 답을 고르시오.

1 Choose the one that has the opposite meaning.
반대말끼리 <u>올바르게</u> 짝지어진 것을 고르시오.

① tall - old   ② fast - slow
③ clean - quiet   ④ pretty - great

2 Choose the one that has the opposite meaning.
반대말끼리 <u>올바르게</u> 짝지어진 것을 고르시오.

① big - small   ② long - high
③ hot - warm   ④ sad - angry

3 Choose the one that has its correct past tense form.
동사의 현재형과 과거형이 <u>올바르게</u> 짝지어진 것을 고르시오.

① see - seed   ② eat - eated
③ say - sayed   ④ wash - washed

4 Choose the one that has its correct past tense form.
동사의 현재형과 과거형이 <u>올바르게</u> 짝지어진 것을 고르시오.

① cut - cutted   ② end - ended
③ make - maked   ④ think - thinked

문제지에 제시된 네 개의 단어 중 문맥에 어울리는 것을 골라 문장을 완성하는 문제로 총 2문항으로 구성되어 있습니다. 문장을 완성하기에 문맥상 논리적으로 적절한 단어를 고르는 능력이 필요합니다.

Study point

▶ 종종 짝을 이루는 동사와 목적어를 알아둡니다.

▶ 동사, 명사, 형용사 등 다양한 품사의 단어들을 학습합니다.

▶ 다양한 상황에 쓰이는 관용적인 표현을 익히고 연습합니다.

S A M P L E

Choose the one that best completes the sentence.

빈칸에 들어갈 말로 가장 적절한 것을 고르시오.

I (   ) a movie with my family.

① eat   ② call

③ watch   ④ dance

Need to Know

□ watch/see a movie 영화를 보다

□ go to the movies 영화 보러 가다

□ play the violin/piano 바이올린/피아노를 연주하다

□ play soccer/baseball/basketball 축구/야구/농구를 하다

□ ride a bike 자전거를 타다

□ take a picture/photo 사진을 찍다

□ draw a picture 그림을 그리다

□ sing a song 노래를 부르다

□ take a shower 샤워를 하다

□ bake a cake 케이크를 굽다

□ have breakfast/lunch 아침/점심을 먹다

□ do homework 숙제를 하다

□ do/wash the dishes 설거지를 하다

Practice

[1~4] Choose the one that best completes the sentence.
빈칸에 들어갈 말로 가장 적절한 것을 고르시오.

1 Helen can ( ) the violin well.

① visit   ② play

③ cook   ④ meet

2 There is a ( ) in the sky.

① blue   ② river

③ chair   ④ cloud

3 You can see many animals in the ( ).

① zoo   ② gym

③ pool   ④ bank

4 Close the ( ) after you come in.

① dog   ② doll

③ dish   ④ door

문제지에 제시된 문장과 가장 유사한 의미를 지닌 문장을 고르는 문제로 총 2문항으로 구성되어 있습니다. 하나의 의미를 다양한 표현을 이용하여 나타내고 이해할 수 있는 능력이 필요합니다.

Study point

▶ 어휘를 학습할 때에 여러 유의어와 함께 익혀둡니다.

▶ 같은 상황에 쓰이는 다양한 회화 표현이나 관용적인 표현을 익혀둡니다.

▶ 말하는 사람의 의도나 문맥을 유지하면서 다른 문장으로 전환하는 연습을 합니다.

S A M P L E

TIP

제시된 문장의 의미를 정확하게 파악해야 합니다. 주어진 문장은 펜을 하나 사려고 한다는 의미입니다. be going to는 가까운 미래에 할 일을 나타내는 표현입니다.

해석

나는 펜 하나를 사려고 한다.
① 나는 펜 하나를 가지고 있다.
② 나는 펜을 사용할 수 있다.
③ 나는 펜 하나를 살 것이다.
④ 나는 펜 하나 사는 것을 좋아 한다.

정답 ③

Choose the one that has the most similar meaning to that of the given sentence.
주어진 문장과 가장 가까운 의미를 가진 문장을 고르시오.

I am going to buy a pen.

① I have a pen.

② I can use a pen.

③ I will buy a pen.

④ I like buying a pen.

Need to Know

□ He is going to go on a picnic. (be going to ~할 예정이다 = will)

□ She is able to speak English. (be able to ~할 수 있다 = can)

□ I have to study hard. (have to ~해야 한다 = must)

□ I'm good at math. (be good at ~을 잘 한다 = can ~ well)

Practice

[1~4] Choose the one that has the most similar meaning to that of the given sentence.
주어진 문장과 가장 가까운 의미를 가진 문장을 고르시오.

1 I was very happy.

① I felt very sad.

② I felt very bad.

③ I felt very good.

④ I felt very angry.

2 I know everyone there.

① I like everyone there.

② I know all the people there.

③ I enjoy every moment there.

④ I meet people there every day.

3 The class starts at 9:00 am.

① The class is so fun.

② The class is very long.

③ The class starts at night.

④ The class begins at 9 in the morning.

4 My favorite thing to do is swimming.

① I like swimming most.

② I have a swimming lesson.

③ I want to learn how to swim.

④ I am very good at swimming.

대화를 완성하기에 문맥상 자연스러운 문장을 고르는 문제로 총 3문항으로 구성되어 있습니다. 대화의 전체적인 흐름을 파악하고 마지막에 올 내용을 추론하는 능력이 필요합니다.

Study point

▶ 대화를 나누는 소재가 무엇인지 먼저 파악합니다.

▶ 마지막에 질문이 의문사로 끝나는 경우가 많이 출제됩니다. 의문사의 의미를 정확히 익혀둡니다.

▶ 일상생활에서 자주 쓰이는 제안, 요청, 허락 등의 표현을 학습합니다.

S A M P L E

TIP

대화 속에서 Mike는 Sally에게 어디를 가고 있는지 묻고 있습니다. 의문사 Where로 시작하는 의문문에는 특정한 장소로 답해야 합니다.

해석
A: 안녕, Mike!
B: 안녕, Sally. 어디 가고 있니?
A: 집에 가고 있어.
① 노래 부르고 있어.
② 가르치고 있어.
③ 집에 가고 있어.
④ 저녁을 먹고 있어.

정답 ③

Choose the one that best completes the conversation.
대화의 빈 곳에 들어갈 가장 적절한 표현을 고르시오.

A : Hello, Mike!

B : Hi, Sally. Where are you going?

A : _____

① I'm singing.

② I'm teaching.

③ I'm going home.

④ I'm eating dinner.

Need to Know

□ How many sisters do you have? (수의 많고 적음 묻기)

□ How much money do you have? (양의 많고 적음 또는 가격 묻기)

□ How old is he? (나이 묻기)

□ How tall are you? (높이, 신장 묻기)

□ How long is the river? (길이 묻기)

□ How far is it from here? (거리 묻기)

□ How often do you play the game? (빈도나 횟수 묻기)

Practice

[1~3] Choose the one that best completes the conversation.
대화의 빈 곳에 들어갈 가장 적절한 표현을 고르시오.

 1

A : This is a picture of my brother.
B : He is so cute. How old is he?
A : _____

① He is very cute.

② He is a student.

③ He is nine years old.

④ He is taking a picture.

 2

A : Let's go to the New York Museum.
B : How much is the ticket for the museum?
A : _____

① 10 dollars.

② 10 years ago.

③ Bus number 10.

④ About 10 minutes.

 3

A : This homework is really hard for me!
B : I can help you, then.
A : _____

① It's yours.

② My pleasure.

③ It's very easy.

④ Thank you so much.

06 | 자연스러운 대화 꾸미기

1문항
각 4점

문제지에 제시된 네 개의 문장을 자연스러운 대화가 되도록 적절한 순서로 배열해 놓은 것을 고르는 문제로 총 1문항으로 구성되어 있습니다. 문장의 앞·뒤 관계를 파악하고 추론해 내는 능력이 필요합니다.

Study point

▶ 네 개의 선택지에서 공통적으로 시작하는 번호를 찾아 대화의 첫 문장을 파악합니다.
▶ 첫 문장에 대한 응답으로 가장 자연스러운 것을 찾고, 또 이와 같은 방법으로 대화를 이어나가는 연습을 합니다.

S A M P L E

TIP

각 문장을 먼저 파악한 후, 제시된 선택지를 보면 2번으로 대화가 시작되는 것을 알 수 있습니다. 어디에 살고 있는지에 대해서는 특정한 장소로 대답해야 하고, 여기서 얼마나 떨어져 있는지에 대한 물음에는 어느 정도 시간이 걸리는 곳에 있는지 대답하는 것이 자연스럽습니다.

해석

2. 너는 어디에 살고 있니?
3. 나는 Main 가에 살고 있어.
1. 여기서 멀어?
4. 아니, 단지 20분 걸려.

정답 ①

Choose the one that makes a conversation by putting each sentence in the correct order.

자연스러운 대화가 되도록 다음 각 문장들을 올바르게 배열한 것을 고르시오.

1. Is it far from here?
2. Where do you live?
3. I live on Main Street.
4. No, it takes only 20 minutes.

① 2 - 3 - 1 - 4   ② 2 - 3 - 4 - 1
③ 2 - 4 - 1 - 3   ④ 2 - 4 - 3 - 1

Need to Know

□ 빈도를 묻는 질문과 답변
  A : <u>How often</u> do you exercise? 얼마나 자주 운동하니?
  B : I <u>always</u> do. 나는 항상 운동해.
    I <u>usually</u> do. 나는 보통은 운동해.
    I <u>often</u> do. 나는 종종 운동을 해.
    I <u>sometimes</u> do. 나는 가끔 해.
    I <u>never</u> do. 나는 전혀 안 해.

Practice

[1~3] Choose the one that makes a conversation by putting each sentence in the correct order.
자연스러운 대화가 되도록 다음 각 문장들을 올바르게 배열한 것을 고르시오.

1

1. Can I help you?
2. Oh, I see. Thank you very much.
3. Cards are over there.
4. Yes. I want to buy some cards. Where are they?

① 1 - 3 - 2 - 4   ② 1 - 3 - 4 - 2
③ 1 - 4 - 2 - 3   ④ 1 - 4 - 3 - 2

2

1. I went to the zoo.
2. I saw penguins and bears.
3. What did you do last weekend?
4. What did you see there?

① 3 - 1 - 2 - 4   ② 3 - 1 - 4 - 2
③ 3 - 2 - 1 - 4   ④ 3 - 2 - 4 - 1

3

1. I like classical music.
2. I usually listen to music.
3. What kind of music do you like?
4. What do you do in your free time?

① 4 - 2 - 1 - 3   ② 4 - 2 - 3 - 1
③ 4 - 3 - 1 - 2   ④ 4 - 3 - 2 - 1

01 : 그림을 보고 단어 완성하기

2문항
각 4점

문제지에 제시된 그림을 보고 그림이 의미하는 단어가 무엇인지 파악하여 그림과 일치하도록 빈칸에 제시된 철자를 바르게 배열하는 문제로 총 2문항으로 구성되어 있습니다. 여러 가지 사물을 나타내는 단어를 정확히 구분하고 쓸 수 있는 능력이 필요합니다.

Study point

▶ 그림으로 나타낼 수 있는 다양한 명사의 의미와 단어의 철자를 정확히 익혀둡니다.
▶ 보통 4~6개의 철자로 구성된 단어가 종종 출제되니 이를 중점적으로 연습합니다.

S A M P L E

TIP

그림에 맞는 단어를 쓰는 문제로, 먼저 문제지에 주어진 그림을 보면 얼굴 중에 코를 표현하고 있습니다.

해석
코

정답 nose

Look at the following picture and fill in each blank by putting the given letters in the correct order.

그림이 나타내는 단어의 철자를 보기 중에서 골라 올바른 순서대로 쓰시오.

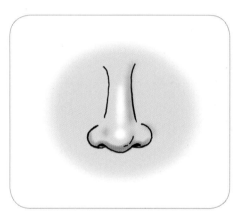

ex   e, s, n, o

⇨ ___ ___ ___ ___

<table>
<tr><td rowspan="6">Need
to
Know</td><td>☐ head 머리</td><td>☐ nose 코</td><td>☐ finger 손가락</td></tr>
<tr><td>☐ face 얼굴</td><td>☐ mouth 입</td><td>☐ waist 허리</td></tr>
<tr><td>☐ hair 머리카락</td><td>☐ neck 목</td><td>☐ knee 무릎</td></tr>
<tr><td>☐ forehead 이마</td><td>☐ shoulder 어깨</td><td>☐ foot 발 (복수형 feet)</td></tr>
<tr><td>☐ ear 귀</td><td>☐ arm 팔</td><td>☐ toe 발가락</td></tr>
<tr><td>☐ eye 눈</td><td>☐ hand 손</td><td>☐ ankle 발목</td></tr>
</table>

Practice

[1~3] Look at the following picture and fill in each blank by
putting the given letters in the correct order.
그림이 나타내는 단어의 철자를 보기 중에서 골라 올바른 순서대로 쓰시오.

1

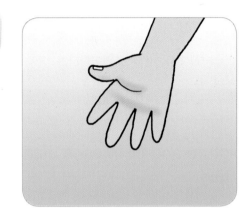

ex n, h, a, d

⇨ ___ ___ ___ ___

2

ex d, i, r, b

⇨ ___ ___ ___ ___

3

ex t, o, u, m, h

⇨ ___ ___ ___ ___

45

02 : 그림을 보고 적절한 단어로 대화 완성하기

3문항
각 4점

문제지에 제시된 그림의 내용과 일치하는 자연스러운 문장이 되도록 대화에 제시된 빈칸의 숫자에 맞는 단어의 철자를 찾아 쓰는 문제로 총 3문항으로 구성되어 있습니다. 그림과 대화 상황을 정확히 이해하고, 그림에 정확히 맞는 단어를 파악해 내는 능력이 필요합니다.

Study point

▶ 그림으로 표현될 수 있는 다양한 형태의 단어를 익혀둡니다.
▶ 빈칸의 숫자보다 보기로 제시되는 알파벳 철자가 더 많으므로, 단어의 철자를 정확히 익혀둡니다.
▶ 해당 단어를 완성한 후, 대화를 다시 보면서 자연스러운지 확인합니다.

S A M P L E

TIP

먼저 그림을 보면서 소년의 모습을 정확히 파악합니다. 그다음, 제시된 대화를 보면, 무엇을 들고 있는지를 묻고 있으므로 손에 사과를 들고 있다고 답해야 합니다. 사과의 정확한 철자를 알아 두어야 합니다.

해석
A: 너는 무엇을 들고 있니?
B: 나는 사과를 들고 있어.

정답 (a)pple

Look at the following picture and fill in each blank by choosing the proper letters.
그림의 내용과 일치하도록 빈칸에 적절한 단어를 주어진 첫 번째 철자를 이용하여 쓰시오.

ex p, t, p, l, t, e

A: What are you holding?
B: I am holding an a ___ ___ ___ ___.

Need to Know

☐ an apple   ☐ a pear   ☐ an orange
☐ an elephant   ☐ a bear   ☐ a monkey
☐ a chair   ☐ a desk   ☐ a lamp
☐ a police officer ☐ a firefighter ☐ a farmer
☐ an umbrella   ☐ a key

Practice

[1-3] Look at the following picture and fill in each blank by choosing the proper letters.

그림의 내용과 일치하도록 빈칸에 적절한 단어를 주어진 첫 번째 철자를 이용하여 쓰시오.

1

ex o, p, f, a, l

A: Where is my hat?

B: It is on the s ___ ___ ___.

2

ex t, i, k, n, e

A: How many stars are there in the sky?

B: There are n ___ ___ ___ stars.

3

ex a, o, l, r, k

A: How do you go to school?

B: I w ___ ___ ___ to school.

Level Up

실전모의고사

1

Listening Part

1~5 Listen to each word or phrase and choose the one that best shows the meaning.
들려주는 단어나 어구를 그림으로 가장 잘 나타낸 것을 고르시오. (4점)

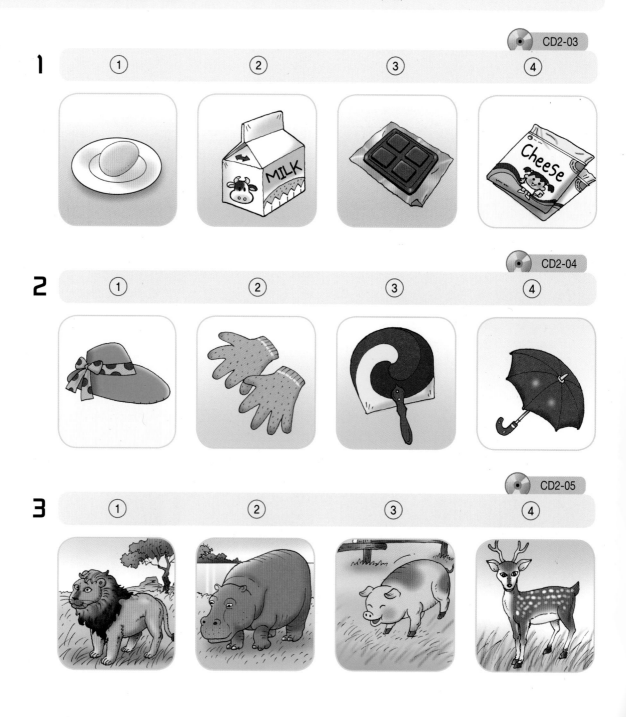

CD2-06

4   ① ② ③ ④

CD2-07

5   ① ② ③ ④

CD2-08

6~11   **Listen to each sentence and choose the one that best shows the meaning.**
들려주는 문장을 그림으로 가장 잘 나타낸 것을 고르시오. (4점)

CD2-09

6   ① ② ③ ④

Listening Part

CD2-14

11
① ② ③ ④

CD2-15

12~16 Listen to each conversation and choose the correct answer for the question.

대화 내용에 대한 질문에 적절한 답을 고르시오. (4점)

12 What does the boy order? 소년이 주문한 음식은 무엇인가요?

CD2-16

Listening Part

13 What is the girl's father's job? 소녀의 아버지 직업은 무엇인가요?

CD2-17

① ② ③ ④

14 What is the boy doing now? 소년은 지금 무엇을 하고 있나요?

CD2-18

① ② ③ ④

15 What time is it now? 지금 몇 시인가요?

CD2-19

① ② ③ ④

16 What's the girl's hobby? 소녀의 취미는 무엇인가요?

CD2-20

① ② ③ ④

CD2-21

17~20 Listen to each conversation and the following question.
Then choose the correct answer.
대화를 듣고 이어서 들려주는 질문에 적절한 답을 고르시오. (4점)

CD2-22

17 ① ② ③ ④

CD2-23

18 ① ② ③ ④

Listening Part

CD2-24

19

① ② ③ ④

CD2-25

20

① ② ③ ④

CD2-26

21 Listen and choose the one that best shows what you hear.
들려주는 내용을 그림으로 가장 잘 나타낸 것을 고르시오.(4점)

CD2-27

① ② ③ ④

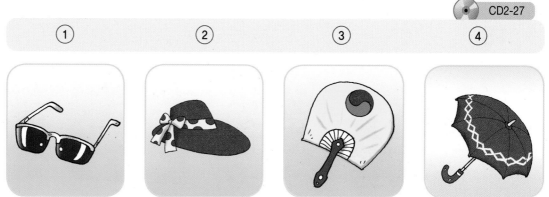

CD2-28

22~25 **Listen to each conversation and choose the correct answer for the question.**
대화 내용에 대한 질문에 적절한 답을 고르시오. (4점)

22 Where are the boy and the woman?
소년과 여자가 있는 장소는 어디인가요?

① Department store   ② Beauty shop

③ Museum   ④ Restaurant

23 What will the girl buy later?
소녀는 나중에 무엇을 살 것인가요?

① Ties   ② Caps

③ Golf balls   ④ Socks

24 What should the boy do now?
소년은 지금 무엇을 해야만 하나요?

① Have lunch   ② Take a shower

③ Finish his homework   ④ Play the computer game

25 Why did the girl NOT go to the party?
소녀는 왜 파티에 가지 않았나요?

① She was sick.   ② She watched a movie.

③ She forgot about the party.   ④ She traveled with her family.

26~29 Listen and choose the best response.

들려주는 말에 대한 응답으로 가장 적절한 것을 고르시오. (4점)

26

CD2-34

① Yes, I can.

② Yes, please.

③ No, nothing.

④ No, thank you.

27

CD2-35

① 153cm tall.

② 120 dollars.

③ It rains today.

④ It's 10:30 pm.

28

CD2-36

① I live in Seoul.

② I like eating pizza.

③ I am too busy now.

④ I want to go to Japan.

29

CD2-37

① He is lucky.

② He is my uncle.

③ He is handsome.

④ He is watching TV.

CD2-38

30

Listen and choose the one that matches the picture.

들려주는 내용 중 다음의 그림과 <u>일치하는</u> 것을 고르시오. (4점)

CD2-39

①   ②   ③   ④

Listening Part

CD2-40

31~33

Listen to each of the four short conversations and choose the one that does NOT sound natural.

들려주는 대화를 잘 듣고 대화의 흐름이 <u>자연스럽지 못한</u> 것을 고르시오. (4점)

CD2-41

31   ①   ②   ③   ④

CD2-42

32   ①   ②   ③   ④

CD2-43

33   ①   ②   ③   ④

Reading Part

34~35 **Choose the one that can NOT be found.**
아래의 띠에 없는 단어의 그림을 고르시오. (4점)

34 qwpenvrztcowghiopchairhweg

① ② ③ ④

35 nshorcupufxzkjqpacakelqbagav

① ② ③ ④

36~37 **Choose the correct answer for each question.**
질문에 적절한 답을 고르시오. (4점)

36 Choose the one that has the opposite meaning.
반대말끼리 <u>올바르게</u> 짝지어진 것을 고르시오.

① hot - cold

② big - huge

③ small - smell

④ strong - long

37 Choose the one that has its correct past tense form.
동사의 현재형과 과거형이 <u>올바르게</u> 짝지어진 것을 고르시오.

① do - doed

② see - seed

③ take - taked

④ play - played

38~39 **Choose the one that best completes the sentence.**
빈칸에 들어갈 말로 가장 적절한 것을 고르시오. (4점)

38 ( ) a tall tree it is!

① Why

② How

③ When

④ What

39 It rains today. Please take your ( ).

① drink

② gloves

③ picture

④ umbrella

40~41 Choose the one that has the most similar meaning to that of the given sentence.

주어진 문장과 가장 가까운 의미를 가진 문장을 고르시오. (4점)

40 "May I help you?"

① The speaker likes May.

② The speaker needs some help.

③ The speaker wants to help in May.

④ The speaker wants to give some help.

41 He read a lot of books yesterday.

① He read a book yesterday.

② He read many books yesterday.

③ He bought many books yesterday.

④ He didn't read a lot of books yesterday.

42~44 **Choose the one that best completes the conversation.**
대화의 빈 곳에 들어갈 가장 적절한 표현을 고르시오. (4점)

42
> A : I will go to Canada to study.
> B : When are you leaving?
> A : _____

① Next Friday.

② Three times.

③ Once a week.

④ Six minutes ago.

43
> A : This CD player is very expensive.
> B : How much is it?
> A : _____

① It works well.

② It's 70 dollars.

③ It looks very nice.

④ It is much cheaper.

44

A : I'm looking for my coat.

B : Is this yours?

A : _____

① Yes, that's mine.

② No, you look fine.

③ Yes, that will be fine.

④ No, yours is the same as mine.

45 **Choose the one that makes a conversation by putting each sentence in the correct order.**
자연스러운 대화가 되도록 다음 각 문장들을 올바르게 배열한 것을 고르시오. (4점)

1. Where are you going?
2. Then, let's go together.
3. I need to go to the library, too.
4. I'm on my way to go to the library.

① 1 - 2 - 3 - 4   ② 1 - 2 - 4 - 3

③ 1 - 3 - 2 - 4   ④ 1 - 4 - 3 - 2

Writing Part

1~2 Look at the following picture and fill in each blank by putting the given letters in the correct order.

그림이 나타내는 단어의 철자를 보기 중에서 골라 올바른 순서대로 쓰시오. (4점)

1

ex o, f, k, r

A ____ ____ ____ ____

2

ex w, t, c, a, h

A ____ ____ ____ ____ ____

3~5 Look at the following picture and fill in each blank by choosing the proper letters.

그림의 내용과 일치하도록 빈칸에 적절한 단어를 주어진 첫 번째 철자를 이용하여 쓰시오. (4점)

3

ex o, k, u, e, r

A: How many ducks are there on the farm?

B: There are f____ ____ ____ ducks.

4

ex a, o, c, r, l, c, e

A: What is your favorite sports?

B: I like playing s___ ___ ___ ___ ___.

5

ex l, e, c, y

A: Mary, open the door, please.

B: John, I think I don't have my
   k____ ____.

THE END

Writing Part

실전모의고사

2

Listening Part

CD2-46

1~5 Listen to each word or phrase and choose the one that best shows the meaning.
들려주는 단어나 어구를 그림으로 가장 잘 나타낸 것을 고르시오. (4점)

CD2-47

1 ① ② ③ ④

CD2-48

2 ① ② ③ ④

CD2-49

3 ① ② ③ ④

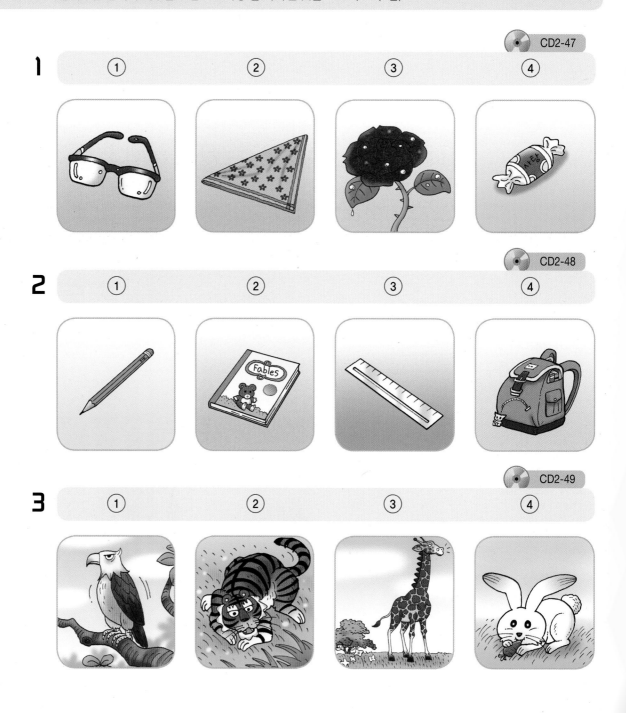

CD2-50

4 ① ② ③ ④

CD2-51

5 ① ② ③ ④

CD2-52

6~11 Listen to each sentence and choose the one that best shows the meaning.
들려주는 문장을 그림으로 가장 잘 나타낸 것을 고르시오. (4점)

CD2-53

6 ① ② ③ ④

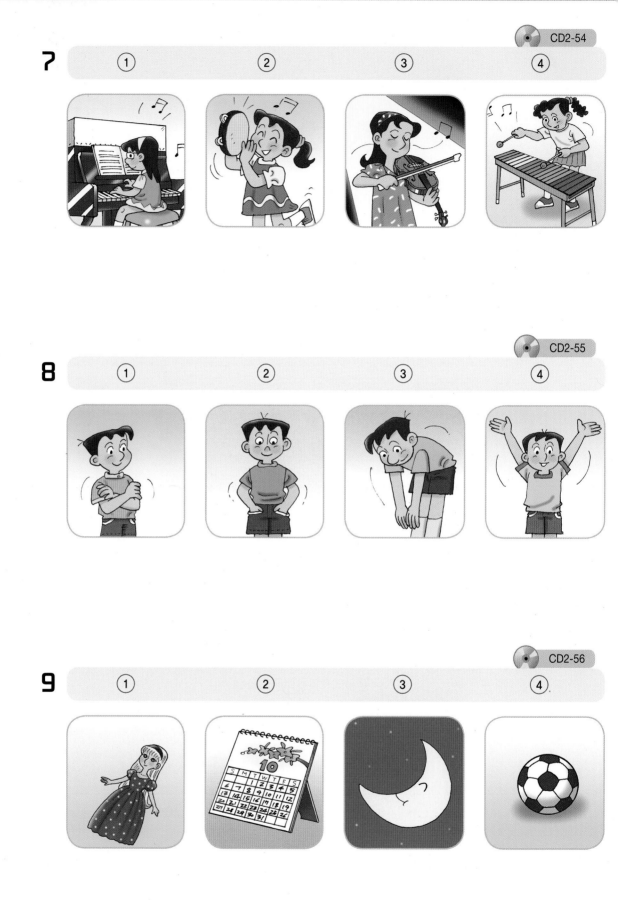

CD2-57

10 ① ② ③ ④

CD2-58

11 ① ② ③ ④

CD2-59

12~16 Listen to each conversation and choose the correct answer
for the question.
대화 내용에 대한 질문에 적절한 답을 고르시오. (4점)

12 What is the girl going to eat? 소녀가 먹을 음식은 무엇인가요?

CD2-60

① ② ③ ④

Listening Part

13 What is the girl's father's job? 소녀의 아버지 직업은 무엇인가요?

CD2-61

① ② ③ ④

14 What is the boy doing now? 소년은 지금 무엇을 하고 있나요?

CD2-62

① ② ③ ④

15 What time is it now? 지금 몇 시인가요?

CD2-63

① ② ③ ④

16 What is the girl's hobby? 소녀의 취미는 무엇인가요?

CD2-64

① ② ③ ④

CD2-65

17~20 Listen to each conversation and the following question. Then choose the correct answer.
대화를 듣고 이어서 들려주는 질문에 적절한 답을 고르시오. (4점)

CD2-66

17
① ② ③ ④

CD2-67

18
① ② ③ ④

CD2-68

19 ① ② ③ ④

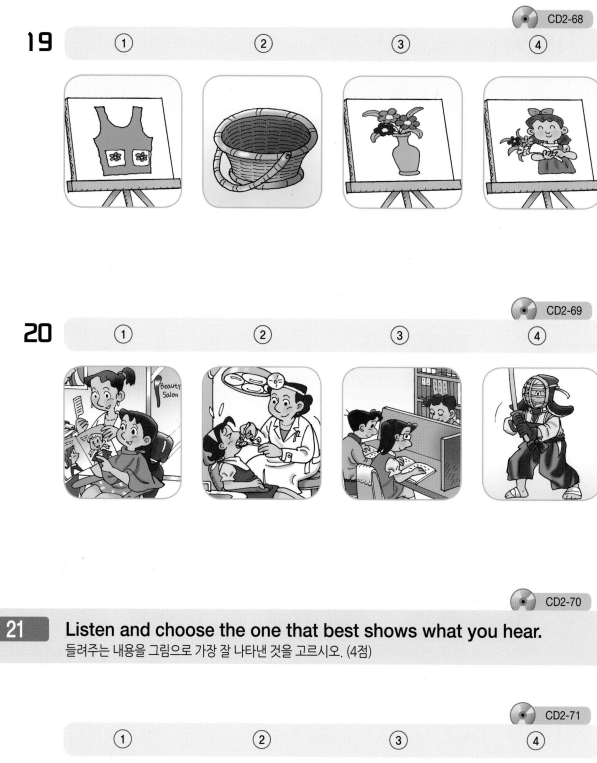

CD2-69

20 ① ② ③ ④

CD2-70

21 Listen and choose the one that best shows what you hear.
들려주는 내용을 그림으로 가장 잘 나타낸 것을 고르시오. (4점)

CD2-71

① ② ③ ④

CD2-72

22~25 **Listen to each conversation and choose the correct answer for the question.**
대화 내용에 대한 질문에 적절한 답을 고르시오. (4점)

22 Where are the boy and the woman?
소년과 여자는 어디에 있나요?

① Stationery store ② Aquarium

③ Restaurant ④ Museum

23 What will the girl buy?
소녀는 무엇을 살 것인가요?

① A bell ② A bag

③ A bed ④ A box

24 What should the boy do?
소년이 해야 할 것은 무엇인가요?

① Go home ② Go fishing

③ Go to school ④ Go swimming

25 Why was the girl late?
소녀는 왜 늦었나요?

① She met Miss Smith. ② She stopped at the lake.

③ She picked up the phone. ④ She missed the school bus.

Listening Part

26~29 **Listen and choose the best response.**
들려주는 말에 대한 응답으로 가장 적절한 것을 고르시오. (4점)

26

CD2-78

① Yes, I will.

② No, that's OK.

③ Yes, you may.

④ No, it's wrong.

27

CD2-79

① 20cm tall.

② 20 dollars.

③ 20 years old.

④ 20 years ago.

28

CD2-80

① No problem.

② Seven thirty.

③ In the evening.

④ Under the desk.

29

CD2-81

① He was a teacher.

② He had a cup of tea.

③ He enjoyed shopping.

④ He went with his friends.

30 **Listen and choose the one that matches the picture.**
들려주는 내용 중 다음의 그림과 <u>일치하는</u> 것을 고르시오. (4점)

 CD2-83

①   ②   ③   ④

Listening Part

CD2-84

31~33 **Listen to each of the four short conversations and choose the one that does NOT sound natural.**
들려주는 대화를 잘 듣고 대화의 흐름이 <u>자연스럽지 못한</u> 것을 고르시오. (4점)

CD2-85

31   ①   ②   ③   ④

CD2-86

32   ①   ②   ③   ④

CD2-87

33   ①   ②   ③   ④

Reading Part

34~35 **Choose the one that can NOT be found.**
아래의 띠에 <u>없는</u> 단어의 그림을 고르시오. (4점)

34

qwtablevurproseghiopbatuyhweg

① ② ③ ④

35

nsheorhandufxzkjfishqpalqcarhlav

① ② ③ ④

36~37 **Choose the correct answer for each question.**
질문에 적절한 답을 고르시오. (4점)

36 Choose the one that has the opposite meaning.
반대말끼리 올바르게 짝지어진 것을 고르시오.

① new - few

② soft - hard

③ big - large

④ cool - cold

37 Choose the one that has its correct past tense form.
동사의 현재형과 과거형이 올바르게 짝지어진 것을 고르시오.

① try - tryed

② cut - cutted

③ give - gived

④ hope - hoped

38~39 Choose the one that best completes the sentence.
빈칸에 들어갈 말로 가장 적절한 것을 고르시오. (4점)

38 He enjoys listening (   ) music.

① to

② in

③ of

④ at

39 If you feel thirsty, (   ) something.

① hear

② look

③ drink

④ smell

40~41 **Choose the one that has the most similar meaning to that of the given sentence.**
주어진 문장과 가장 가까운 의미를 가진 문장을 고르시오. (4점)

40

> He looks for his socks.

① He looks at his socks.

② He tries his socks out.

③ He looks over his socks.

④ He tries to find his socks.

41

> "May I have some cookies?"

① The speaker has many cookies.

② The speaker cannot eat cookies.

③ The speaker wants some cookies.

④ The speaker eats cookies only in May.

Reading Part

42~44 **Choose the one that best completes the conversation.**
대화의 빈 곳에 들어갈 가장 적절한 표현을 고르시오. (4점)

42

A : My birthday is coming soon.
B : Really? When is your birthday?
A : _____

① This Friday.

② So many days.

③ Long time ago.

④ Two years later.

43

A : Shall we go on a picnic?
B : OK. How's the weather today?
A : _____

① It's noisy.

② It's sunny.

③ It's cheap.

④ It's heavy.

44

A : Hello, Larry?
B : Who's calling, please?
A : _____

① Call me later.

② He is not here.

③ This is Edward.

④ The line is busy.

45 **Choose the one that makes a conversation by putting each sentence in the correct order.**
자연스러운 대화가 되도록 다음 각 문장들을 올바르게 배열한 것을 고르시오. (4점)

1. I have no idea.
2. That sounds great.
3. Do you want to go fishing?
4. What are you going to do tomorrow?

① 4 - 1 - 2 - 3

② 4 - 1 - 3 - 2

③ 4 - 2 - 1 - 3

④ 4 - 3 - 2 - 1

Reading Part

Writing Part

1

> *ex* r, g, f, o

A ___ ___ ___ ___

2

> *ex* p, l, a, e, p

An ___ ___ ___ ___ ___

3

> *ex* o, u, a, t, s

A: What is that on the river?
B: It is a b___ ___ ___.

4

ex　t, k, o, r, u, e

A: Where did you go last weekend?

B: I went to a books____ ____ ____ ____
with my friends.

Writing Part

5

ex　t, a, d, r, e

A: Look at the sky.

B: Wow, there is a beautiful s____ ____
____.

THE END

실전모의고사

3

Listening Part

CD3-02

1~5 Listen to each word or phrase and choose the one that best shows the meaning.

들려주는 단어나 어구를 그림으로 가장 잘 나타낸 것을 고르시오. (4점)

CD3-06

4 ① ② ③ ④

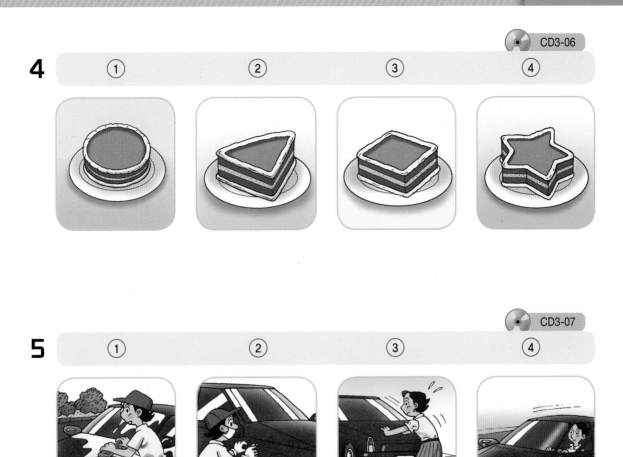

CD3-07

5 ① ② ③ ④

CD3-08

6~11 Listen to each sentence and choose the one that best shows the meaning.
들려주는 문장을 그림으로 가장 잘 나타낸 것을 고르시오. (4점)

CD3-09

6 ① ② ③ ④

CD3-10

7
① ② ③ ④

CD3-11

8
① ② ③ ④

CD3-12

9
① ② ③ ④

CD3-13

10 ① ② ③ ④

CD3-14

11 ① ② ③ ④

CD3-15

12~16 Listen to each conversation and choose the correct answer for the question.
대화 내용에 대한 질문에 적절한 답을 고르시오. (4점)

12 What food did the boy make? 소년은 어떤 음식을 만들었나요?

CD3-16

① ② ③ ④

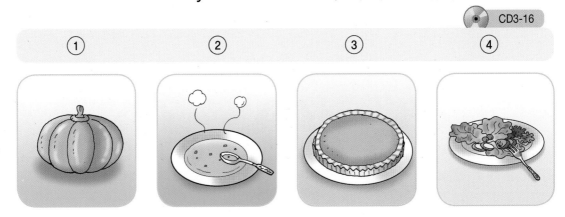

13 What does the girl want to be? 소녀의 장래 희망은 무엇인가요?

CD3-17

14 What is the boy doing now? 소년은 지금 무엇을 하고 있나요?

CD3-18

15 What time is it now? 지금 몇 시인가요?

CD3-19

16 What will the girl do after the conversation?
대화 후 소녀가 할 일은 무엇인가요?

① ② ③ ④

17~20 Listen to each conversation and the following question.
Then choose the correct answer.
대화를 듣고 이어서 들려주는 질문에 적절한 답을 고르시오. (4점)

17 ① ② ③ ④

18 ① ② ③ ④

CD3-24

19 ① ② ③ ④

CD3-25

20 ① ② ③ ④

CD3-26

21 **Listen and choose the one that best shows what you hear.**
들려주는 내용을 그림으로 가장 잘 나타낸 것을 고르시오. (4점)

CD3-27

① ② ③ ④

CD3-28

22~25 **Listen to each conversation and choose the correct answer for the question.**
대화 내용에 대한 질문에 적절한 답을 고르시오. (4점)

22 What is the boy looking for?
소년이 찾고 있는 물건은 무엇인가요?

 CD3-29

① His key　　　　② His bag

③ His pen　　　　④ His jacket

23 How much does the girl pay?
소녀가 지불하는 금액은 얼마인가요?

 CD3-30

① $5　　　　② $10

③ $15　　　　④ $20

24 Where are the boy and the woman now?
지금 소년과 여자가 있는 장소는 어디인가요?

 CD3-31

① At a library　　　　② At a bus stop

③ At a classroom　　　　④ At a train station

25 What will the girl do after the conversation?
대화 후 소녀가 할 일은 무엇인가요?

CD3-32

① Buy a stamp　　　　② Write a card

③ Go to the post office　　　　④ Visit her grandfather

CD3-33

26~29 **Listen and choose the best response.**
들려주는 말에 대한 응답으로 가장 적절한 것을 고르시오. (4점)

26

CD3-34

① Yes, I do.

② No, it isn't.

③ No, I won't.

④ Yes, you can.

27

CD3-35

① With a friend.

② By school bus.

③ Eight years old.

④ Near my house.

28

CD3-36

① Her name is Mindy.

② Her hobby is skiing.

③ Her favorite color is red.

④ Her birthday is tomorrow.

29

CD3-37

① It is ten dollars.

② It is very pretty.

③ It is raining today.

④ It is next to the door.

CD3-38

30 Listen and choose the one that does NOT match the picture.

들려주는 내용 중 다음의 그림과 <u>일치하지 않는</u> 것을 고르시오. (4점)

 CD3-39

①   ②   ③   ④

CD3-40

31~33 Listen to each of the four short conversations and choose the one that does NOT sound natural.

들려주는 대화를 잘 듣고 대화의 흐름이 <u>자연스럽지 못한</u> 것을 고르시오. (4점)

 CD3-41

 31   ①   ②   ③   ④

 CD3-42

 32   ①   ②   ③   ④

CD3-43

 33   ①   ②   ③   ④

Reading Part

34~35 **Choose the one that can NOT be found.**
아래의 띠에 없는 단어의 그림을 고르시오. (4점)

34

skirtdgewlshirtdgwehatgiwqlshodgwq

① ② ③ ④

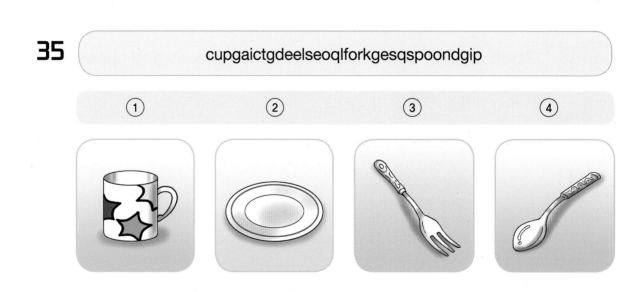

35

cupgaictgdeelseoqlforkgesqspoondgip

① ② ③ ④

36~37 Choose the correct answer for each question.
질문에 적절한 답을 고르시오. (4점)

36 Choose the one that has the opposite meaning.
반대말끼리 올바르게 짝지어진 것을 고르시오.

① nice - big

② fun - easy

③ long - short

④ happy - small

37 Choose the one that has its correct past tense form.
동사의 현재형과 과거형이 올바르게 짝지어진 것을 고르시오.

① give - gived

② buy - buyed

③ have - haved

④ bake - baked

38~39 **Choose the one that best completes the sentence.**
빈칸에 들어갈 말로 가장 적절한 것을 고르시오. (4점)

38 I (   ) to music every evening.

① see

② take

③ drink

④ listen

39 It's so hot. Can you (   ) the window?

① go

② sell

③ walk

④ open

40~41 **Choose the one that has the most similar meaning to that of the given sentence.**
주어진 문장과 가장 가까운 의미를 가진 문장을 고르시오. (4점)

40 I love to eat cakes.

① I really hate cakes.

② I have some cakes.

③ I need some cakes.

④ I like to eat cakes very much.

41 My mom cooks dinner for me.

① My mom cooks very well.

② My mom and I cook dinner.

③ My mom eats dinner with me.

④ My mom makes dinner for me.

42~44 **Choose the one that best completes the conversation.**
대화의 빈 곳에 들어갈 가장 적절한 표현을 고르시오. (4점)

42

A: I'll play baseball outside.
B: When will you come back home?
A: _____

① At 6:00.

② With Ted.

③ To have fun.

④ On the playground.

43

A: Where is the nearest bus stop?
B: It's in front of that toy store over there.
A: _____

① So sorry.

② You took a bus.

③ I bought a new toy.

④ Thank you very much.

44

> A: I have a large family.
> B: How many people are there in your family?
> A: _____

① You have 7 cards.

② It takes 7 minutes.

③ There are 7 people.

④ I want to buy 7 bags.

45 **Choose the one that makes a conversation by putting each sentence in the correct order.**
자연스러운 대화가 되도록 다음 각 문장들을 올바르게 배열한 것을 고르시오. (4점)

> 1. I usually read books.
> 2. What do you like to do when you have time?
> 3. I like history books the most.
> 4. What kind of books do you like?

① 2 - 1 - 3 - 4   ② 2 - 1 - 4 - 3

③ 2 - 3 - 1 - 4   ④ 2 - 3 - 4 - 1

Reading Part

Writing Part

1~2 Look at the following picture and fill in each blank by putting the given letters in the correct order.
그림이 나타내는 단어의 철자를 보기 중에서 골라 올바른 순서대로 쓰시오. (4점)

1

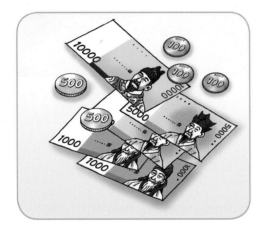

> *ex* m, y, o, e, n

__ __ __ __ __

2

> *ex* r, e, b, a

A __ __ __ __

3~5 Look at the following picture and fill in each blank by choosing the proper letters.
그림의 내용과 일치하도록 빈칸에 적절한 단어를 주어진 첫 번째 철자를 이용하여 쓰시오. (4점)

3

> *ex* i, o, n, q, g

A: What is it on your finger?

B: It's a r___ ___ ___. My mom gave it to me.

4

ex o, s, c, t, l, o, r

A: What does your father do?

B: He is a d___ ___ ___ ___ ___.

5

ex i, b, o, t, n

A: Look at the l___ ___ ___.

B: Wow. It looks scary!

THE END

Level Up

실전모의고사

4

Listening Part

CD3-46

1~5 Listen to each word or phrase and choose the one that best shows the meaning.
들려주는 단어나 어구를 그림으로 가장 잘 나타낸 것을 고르시오. (4점)

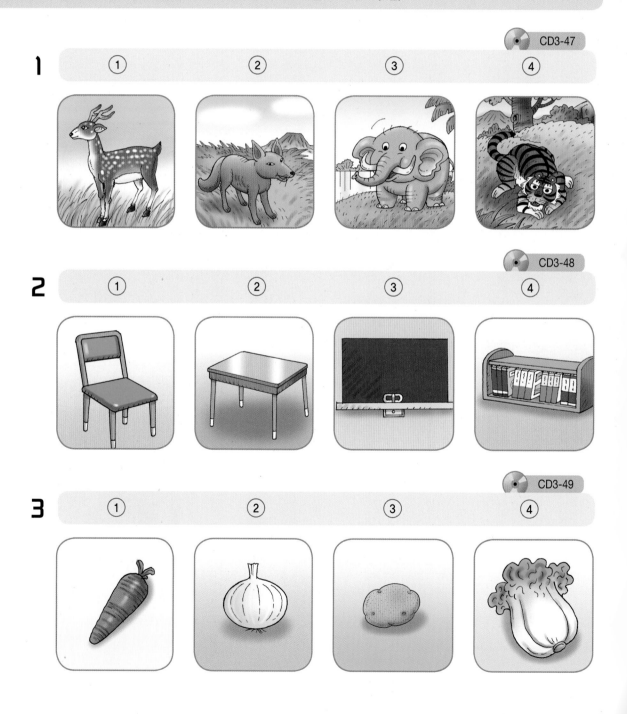

CD3-50

4 ① ② ③ ④

CD3-51

5 ① ② ③ ④

CD3-52

6~11 Listen to each sentence and choose the one that best shows the meaning.

들려주는 문장을 그림으로 가장 잘 나타낸 것을 고르시오. (4점)

CD3-53

6 ① ② ③ ④

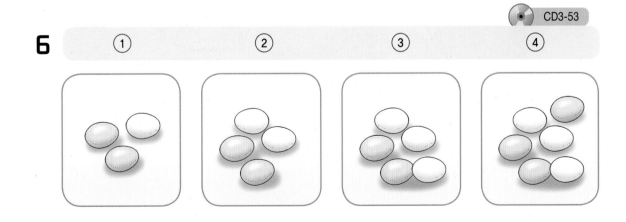

CD3-57

10 ① ② ③ ④

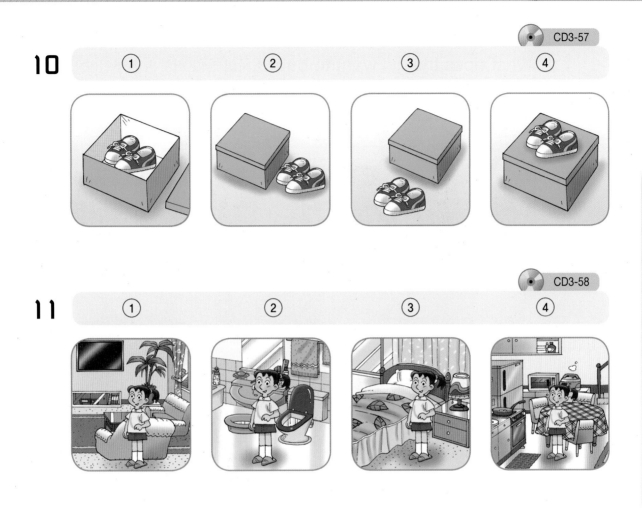

CD3-58

11 ① ② ③ ④

CD3-59

12~16 Listen to each conversation and choose the correct answer for the question.
대화 내용에 대한 질문에 적절한 답을 고르시오. (4점)

12 What will the girl borrow from the boy?
소녀가 소년에게서 빌릴 것은 무엇인가요?

CD3-60

① ② ③ ④

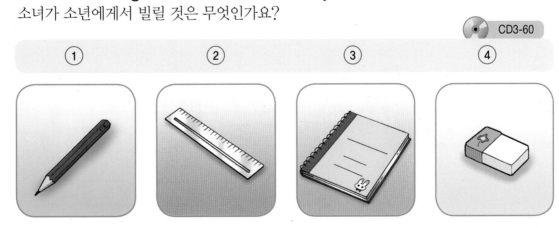

13 What does the girl want to be? 소녀의 장래 희망은 무엇인가요?

CD3-61

①   ②   ③   ④

14 What time is it now? 지금 몇 시인가요?

CD3-62

①   ②   ③   ④

15 What is the boy doing now? 소년은 지금 무엇을 하고 있나요?

CD3-63

①   ②   ③   ④

16 What will the girl do after the conversation?
대화 후 소녀가 할 일은 무엇인가요?

CD3-64

① ② ③ ④

CD3-65

17~20 Listen to each conversation and the following question.
Then choose the correct answer.
대화를 듣고 이어서 들려주는 질문에 적절한 답을 고르시오. (4점)

CD3-66

17 ① ② ③ ④

CD3-67

18 ① ② ③ ④

Listening Part

CD3-68

19 ① ② ③ ④

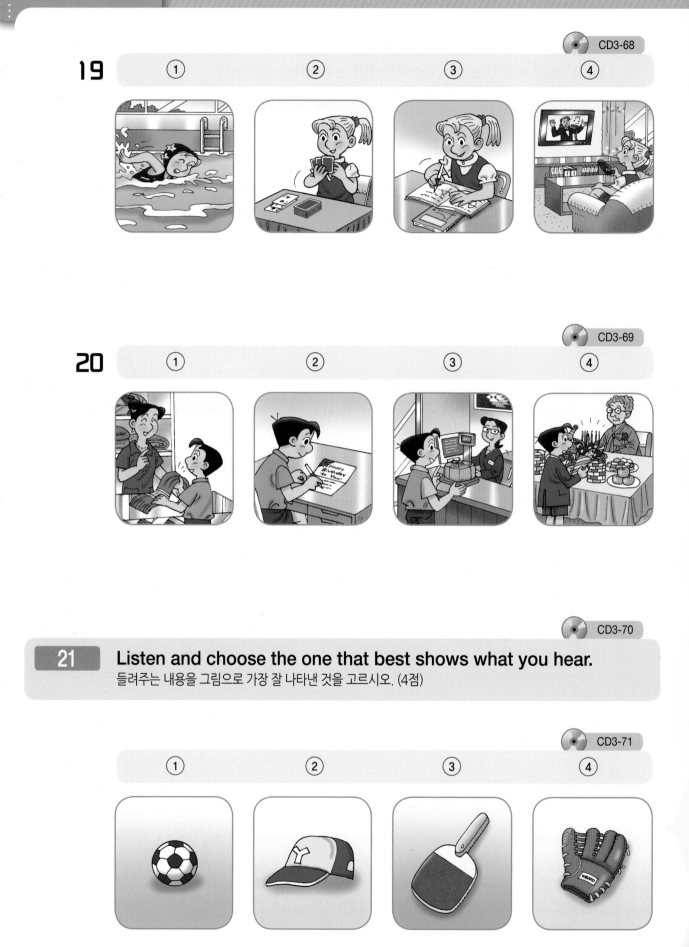

CD3-69

20 ① ② ③ ④

CD3-70

21 Listen and choose the one that best shows what you hear.
들려주는 내용을 그림으로 가장 잘 나타낸 것을 고르시오. (4점)

CD3-71

① ② ③ ④

CD3-72

22~25 **Listen to each conversation and choose the correct answer for the question.**
대화 내용에 대한 질문에 적절한 답을 고르시오. (4점)

22 What is the girl's favorite color?
소녀가 가장 좋아하는 색깔은 무엇인가요?

 CD3-73

① Red   ② Pink

③ Blue   ④ Yellow

23 Where will the boy go after the conversation?
대화 후 소녀이 갈 장소는 어디인가요?

 CD3-74

① To the park   ② To the beach

③ To the library   ④ To the bookstore

24 How many friends does the girl want to invite?
소녀가 초대하길 원하는 친구는 몇 명인가요?

 CD3-75

① One   ② Two

③ Ten   ④ Twelve

25 What does the woman ask the boy to do?
여자가 소년에게 부탁하는 것은 무엇인가요?

CD3-76

① Call a friend   ② Make dinner

③ Clean a room   ④ Study with his sister

Listening Part

CD3-77

26~29 **Listen and choose the best response.**
들려주는 말에 대한 응답으로 가장 적절한 것을 고르시오. (4점)

26
CD3-78

① Yes, I am.

② Yes, I did.

③ No, it was not.

④ No, you cannot.

27
CD3-79

① It's small.

② It's Friday.

③ It's cloudy.

④ It's Christmas.

28
CD3-80

① For you.

② In the show.

③ At 7 o'clock.

④ On the playground.

29
CD3-81

① He is very kind.

② He has two brothers.

③ He likes to play tennis.

④ He goes to middle school.

CD3-82

30 Listen and choose the one that matches the picture.
들려주는 내용 중 다음의 그림과 <u>일치하는</u> 것을 고르시오. (4점)

CD3-83

① ② ③ ④

CD3-84

31~33 Listen to each of the four short conversations and choose the one that does NOT sound natural.
들려주는 대화를 잘 듣고 대화의 흐름이 <u>자연스럽지 못한</u> 것을 고르시오. (4점)

CD3-85

31 ① ② ③ ④

CD3-86

32 ① ② ③ ④

CD3-87

33 ① ② ③ ④

Reading Part

34~35 **Choose the one that can NOT be found.**
아래의 띠에 없는 단어의 그림을 고르시오. (4점)

34
appleoskgrapesbslwatenemogwlestrawberrydge

① ② ③ ④

35
anteqhtroilbutterflyqoqbeeqtghgostygspadrlawei

① ② ③ ④

36~37 **Choose the correct answer for each question.**
질문에 적절한 답을 고르시오. (4점)

36 Choose the one that has the opposite meaning.
반대말끼리 올바르게 짝지어진 것을 고르시오.

① fast - first

② big - heavy

③ dirty - clean

④ sleepy - happy

37 Choose the one that has its correct past tense form.
동사의 현재형과 과거형이 올바르게 짝지어진 것을 고르시오.

① eat - eated

② feel - feeled

③ wash - washed

④ come - comed

Reading Part

Choose the one that best completes the sentence.
빈칸에 들어갈 말로 가장 적절한 것을 고르시오. (4점)

38 I'll ( ) a mountain this weekend.

① put

② hear

③ grow

④ climb

39 It started raining, so I opened my ( ).

① book

② radio

③ watch

④ umbrella

40~41 **Choose the one that has the most similar meaning to that of the given sentence.**
주어진 문장과 가장 가까운 의미를 가진 문장을 고르시오. (4점)

40

I like soccer most.

① I am a soccer player.

② I can play soccer very well.

③ Soccer is my favorite sport.

④ I want to be a soccer player.

41

He read every book in the room.

① He put a book in the room.

② He read some books in the room.

③ He read all the books in the room.

④ He wrote many books in the room.

42~44 **Choose the one that best completes the conversation.**
대화의 빈 곳에 들어갈 가장 적절한 표현을 고르시오. (4점)

42

A: I have a cat in my house.
B: What is the cat's name?
A: _____

① It is Mary.

② They are so cute.

③ I like having a pet.

④ They went to the zoo.

43

A: My sister will buy a doll for me on my birthday.
B: When is your birthday?
A: _____

① I have a sister.

② I'll have a party.

③ It's August 15th.

④ I was born in Daejeon.

44

A: I'm going to Japan during the vacation.
B: How long will you stay there?
A: _____

① For a week.

② By airplane.

③ With my family.

④ At 5 in the afternoon.

45 **Choose the one that makes a conversation by putting each sentence in the correct order.**
자연스러운 대화가 되도록 다음 각 문장들을 올바르게 배열한 것을 고르시오. (4점)

1. I want to ask about the English homework.
2. I see. It's 322-9502.
3. Yes. Why?
4. Do you know what Jack's phone number is?

① 4 - 2 - 1 - 3   ② 4 - 2 - 3 - 1

③ 4 - 3 - 1 - 2   ④ 4 - 3 - 2 - 1

Writing Part

1~2 **Look at the following picture and fill in each blank by putting the given letters in the correct order.**
그림이 나타내는 단어의 철자를 보기 중에서 골라 올바른 순서대로 쓰시오. (4점)

1

> *ex*   s, l, a, g, s

A ___ ___ ___ ___ ___.

2

> *ex*   n, a, t, r, i

A ___ ___ ___ ___ ___.

3~5 **Look at the following picture and fill in each blank by choosing the proper letters.**
그림의 내용과 일치하도록 빈칸에 적절한 단어를 주어진 첫 번째 철자를 이용하여 쓰시오. (4점)

3

> *ex*   r, a, e, t, l, d

A: What did you eat for breakfast?

B: I ate some b___ ___ ___ ___ and milk.

4

> *ex* u, o, k, s, o

A: I like to c___ ___ ___ food with my mom.

B: That's great. What food can you make?

5

> *ex* c, a, e, b, s

A: Why are you holding that v___ ___ ___?

B: I will put some flowers in it.

THE END

NELSA
National Evaluation of Language skill Association

과제 번호	실전모의고사 1회

TOPEL Jr. 답안지

이름	

[유의사항]

1. 답란을 포함한 모든 표기사항은 반드시 컴퓨터용 연필을 사용해야 합니다.
2. 표기가 잘못되었을 경우는 지우개로 깨끗이 지운 후 다시 칠하십시오.
3. 모든 표기요령은 아래와 같이 원 안을 까맣게 칠해야 합니다.
4. 응시자의 답안지 기재 오류로 인한 불이익은 책임지지 않습니다.

감독위원 확인

㉑

본인확인

본인의 이름을 자필로 쓰시오.

지역코드		검정장코드		응시번호				
4	3	0	2	1	0	0	0	1

지역코드: ⓪⓪ ①① ②② ③● ●④ ⑤⑤ ⑥⑥ ⑦⑦ ⑧⑧ ⑨⑨

검정장코드: ●⓪ ①① ②● ●③ ④④ ⑤⑤ ⑥⑥ ⑦⑦ ⑧⑧ ⑨⑨

응시번호: (1열)●② ③, (2열)●① ② ③ ④⑤⑥⑦⑧⑨, ... ●④ 등

◆ 해당 문제 답란의 ① ② ③ ④중에서 정답의 번호를 골라 아래 예시와 같이 까맣게【●】칠하시오.

* 예시 : ① ② ③ ④중에서 ②가 정답일 경우 : ① ● ③ ④

문제번호	답란	문제번호	답란	문제번호	답란
1	①②③④	21	①②③④	41	①②③④
2	①②③④	22	①②③④	42	①②③④
3	①②③④	23	①②③④	43	①②③④
4	①②③④	24	①②③④	44	①②③④
5	①②③④	25	①②③④	45	①②③④
6	①②③④	26	①②③④	46	①②③④
7	①②③④	27	①②③④	47	①②③④
8	①②③④	28	①②③④	48	①②③④
9	①②③④	29	①②③④	49	①②③④
10	①②③④	30	①②③④	50	①②③④
11	①②③④	31	①②③④	51	①②③④
12	①②③④	32	①②③④	52	①②③④
13	①②③④	33	①②③④	53	①②③④
14	①②③④	34	①②③④	54	①②③④
15	①②③④	35	①②③④	55	①②③④
16	①②③④	36	①②③④		
17	①②③④	37	①②③④		
18	①②③④	38	①②③④		
19	①②③④	39	①②③④		
20	①②③④	40	①②③④		

쓰기문제 (1번 ~ 5번)

1	0	1	2	3	4
2	0	1	2	3	4
3	0	1	2	3	4
4	0	1	2	3	4
5	0	1	2	3	4

과제 번호	실전모의고사 2회

TOPEL Jr. 답안지

감독위원 확인

㊞

이름

[유의사항]

1. 답란을 포함한 모든 표기사항은 반드시 컴퓨터용 연필을 사용해야 합니다.
2. 표기가 잘못되었을 경우는 지우개로 깨끗이 지운 후 다시 칠하십시오.
3. 모든 표기요령은 아래와 같이 원안을 까맣게 칠해야 합니다.
4. 응시자의 답안지 기재 오류로 인한 불이익은 책임지지 않습니다.

지역코드
4	3
⓪	⓪
①	①
②	②
③	③
●	④
⑤	⑤
⑥	⑥
⑦	⑦
⑧	⑧
⑨	⑨

검정장코드
0	2
●	⓪
①	①
②	●
③	③
④	④
⑤	⑤
⑥	⑥
⑦	⑦
⑧	⑧
⑨	⑨

응 시 번 호
1	0	0	0	1
	⓪	⓪	⓪	
●	①	①	①	●
②	②	②	②	⓪
③	③	③	③	②
	④	④	④	③
	⑤	⑤	⑤	④
	⑥	⑥	⑥	⑤
	⑦	⑦	⑦	⑥
	⑧	⑧	⑧	⑦
	⑨	⑨	⑨	⑧
				⑨

본인확인

본인의 이름을 자필로 쓰시오.

◆ 해당 문제 답란의 ① ② ③ ④중에서 정답의 번호를 골라 아래 예시와 같이 까맣게【●】칠하시오.
* 예시 : ① ② ③ ④중에서 ②가 정답일 경우 : ① ● ③ ④

문제 번호	답 란	문제 번호	답 란	문제 번호	답 란
1	①②③④	21	①②③④	41	①②③④
2	①②③④	22	①②③④	42	①②③④
3	①②③④	23	①②③④	43	①②③④
4	①②③④	24	①②③④	44	①②③④
5	①②③④	25	①②③④	45	①②③④
6	①②③④	26	①②③④	46	①②③④
7	①②③④	27	①②③④	47	①②③④
8	①②③④	28	①②③④	48	①②③④
9	①②③④	29	①②③④	49	①②③④
10	①②③④	30	①②③④	50	①②③④
11	①②③④	31	①②③④	51	①②③④
12	①②③④	32	①②③④	52	①②③④
13	①②③④	33	①②③④	53	①②③④
14	①②③④	34	①②③④	54	①②③④
15	①②③④	35	①②③④	55	①②③④
16	①②③④	36	①②③④		
17	①②③④	37	①②③④		
18	①②③④	38	①②③④		
19	①②③④	39	①②③④		
20	①②③④	40	①②③④		

쓰 기 문 제 (1번 ~ 5번)

		0	1	2	3	4
1						
2		0	1	2	3	4
3		0	1	2	3	4
4		0	1	2	3	4
5		0	1	2	3	4

과제 번호	실전모의고사 3회

TOPEL Jr. 답안지

감독위원 확인

㊞

이름

[유의사항]
1. 답란을 포함한 모든 표기사항은 반드시 컴퓨터용 연필을 사용해야 합니다.
2. 표기가 잘못되었을 경우는 지우개로 깨끗이 지운 후 다시 칠하십시오.
3. 모든 표기요령은 아래와 같이 원 안을 까맣게 칠해야 합니다.
4. 응시자의 답안지 기재 오류로 인한 불이익은 책임지지 않습니다.

지역코드 4 3
검정장코드 0 2
응시번호 1 0 0 0 1

본인확인
본인의 이름을 자필로 쓰시오.

◆ 해당 문제 답란의 ① ② ③ ④중에서 정답의 번호를 골라 아래 예시와 같이 까맣게【●】칠하시오.
* 예시 : ① ② ③ ④중에서 ②가 정답일 경우 : ① ● ③ ④

문제번호	답란	문제번호	답란	문제번호	답란
1	①②③④	21	①②③④	41	①②③④
2	①②③④	22	①②③④	42	①②③④
3	①②③④	23	①②③④	43	①②③④
4	①②③④	24	①②③④	44	①②③④
5	①②③④	25	①②③④	45	①②③④
6	①②③④	26	①②③④	46	①②③④
7	①②③④	27	①②③④	47	①②③④
8	①②③④	28	①②③④	48	①②③④
9	①②③④	29	①②③④	49	①②③④
10	①②③④	30	①②③④	50	①②③④
11	①②③④	31	①②③④	51	①②③④
12	①②③④	32	①②③④	52	①②③④
13	①②③④	33	①②③④	53	①②③④
14	①②③④	34	①②③④	54	①②③④
15	①②③④	35	①②③④	55	①②③④
16	①②③④	36	①②③④		
17	①②③④	37	①②③④		
18	①②③④	38	①②③④		
19	①②③④	39	①②③④		
20	①②③④	40	①②③④		

쓰기문제 (1번 ~ 5번)

	0	1	2	3	4
1					
2	0	1	2	3	4
3	0	1	2	3	4
4	0	1	2	3	4
5	0	1	2	3	4

NELSA
National Evaluation of Language skill
Association

과제 번호	실전모의고사 4회

TOPEL Jr. 답안지

감독위원 확인

㊞

이름	

지역코드

4	3
⓪	⓪
①	①
②	②
③	●
●	④
⑤	⑤
⑥	⑥
⑦	⑦
⑧	⑧
⑨	⑨

검정장코드

0	2
●	⓪
①	①
②	●
③	③
④	④
⑤	⑤
⑥	⑥
⑦	⑦
⑧	⑧
⑨	⑨

응 시 번 호

1	0	0	0	1
	⓪	●	●	●	⓪
●	①	①	①	①	●
②	②	②	②	②
③	③	③	③	③
	④	④	④	④
	⑤	⑤	⑤	⑤
	⑥	⑥	⑥	⑥
	⑦	⑦	⑦	⑦
	⑧	⑧	⑧	⑧
	⑨	⑨	⑨	⑨

본인확인

본인의 이름을
자필로 쓰시오.

[유의사항]

1. 답란을 포함한 모든 표기사항은 반드시 컴퓨터용 연필을 사용해야 합니다.
2. 표기가 잘못되었을 경우는 지우개로 깨끗이 지운 후 다시 칠하십시오.
3. 모든 표기요령은 아래와 같이 원안을 까맣게 칠해야 합니다.
4. 응시자의 답안지 기재 오류로 인한 불이익은 책임지지 않습니다.

◆ 해당 문제 답란의 ① ② ③ ④중에서 정답의 번호를 골라 아래 예시와 같이 까맣게【●】칠하시오.
  * 예시 : ① ② ③ ④중에서 ②가 정답일 경우 : ① ● ③ ④

문제번호	답 란	문제번호	답 란	문제번호	답 란
1	①②③④	21	①②③④	41	①②③④
2	①②③④	22	①②③④	42	①②③④
3	①②③④	23	①②③④	43	①②③④
4	①②③④	24	①②③④	44	①②③④
5	①②③④	25	①②③④	45	①②③④
6	①②③④	26	①②③④	46	①②③④
7	①②③④	27	①②③④	47	①②③④
8	①②③④	28	①②③④	48	①②③④
9	①②③④	29	①②③④	49	①②③④
10	①②③④	30	①②③④	50	①②③④
11	①②③④	31	①②③④	51	①②③④
12	①②③④	32	①②③④	52	①②③④
13	①②③④	33	①②③④	53	①②③④
14	①②③④	34	①②③④	54	①②③④
15	①②③④	35	①②③④	55	①②③④
16	①②③④	36	①②③④		
17	①②③④	37	①②③④		
18	①②③④	38	①②③④		
19	①②③④	39	①②③④		
20	①②③④	40	①②③④		

쓰 기 문 제 (1번 ~ 5번)

1	0	1	2	3	4

2	0	1	2	3	4

3	0	1	2	3	4

4	0	1	2	3	4

5	0	1	2	3	4

Level Up
TOPEL Jr.

3

정답 및 해설
Answers &
Explanations

*URIS

정답 및 해설

유형 분석 01

Section 1 Listening Part

Listening Type 01

Sample
본문 14쪽

Script 정답 ①

A school bag

책가방

- school   학교
- bag   가방

Practice
본문 15쪽

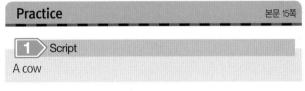
1 Script

A cow

소

정답 ①

2 Script

A pair of gloves

장갑 한 켤레

- pair   짝, 켤레

정답 ②

3 Script

Standing under the tree

나무 아래에 서 있기

- stand   서다
- under   ~아래에
- tree   나무

정답 ③

Listening Type 02

Sample
본문 16쪽

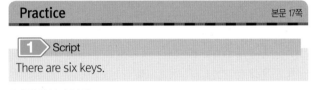
Script 정답 ③

My brother is wearing gloves.

내 남동생은 장갑을 끼고 있다.

- wear   ~을 입다, 착용하다
- glove   장갑

Practice
본문 17쪽

1 Script

There are six keys.

6개의 열쇠가 있다.

- There is[are] + 단수명사[복수명사].   ~이 있다.
- key   열쇠

정답 ④

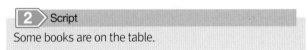
2 Script

Some books are on the table.

몇 권의 책이 탁자 위에 있다.

- some   몇몇의, 몇 개의
- book   책
- on   ~ 위에
- table   탁자

정답 ①

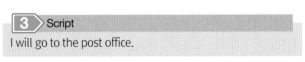
3 Script

I will go to the post office.

나는 우체국에 갈 것이다.

- will   ~할 것이다 (미래를 나타내는 조동사)
- post office   우체국

정답 ①

Listening Type 03

Sample
본문 18쪽

Script
정답 ②

M: (Surprised) Is it five now?
W: No, it's 3:15. That clock is wrong.
M: Oh, I see. We should fix the clock then.

남자: (놀라며) 지금이 다섯 시야?
여자: 아니, 3시 15분이야. 저 시계는 안 맞아.
남자: 아, 그렇구나. 그러면 시계를 고쳐야겠다.

• surprised   놀란
• clock   시계
• wrong   틀린, 잘못된
• should   ~해야 한다
• fix   고치다

Practice
본문 19쪽

1 Script

G: What is your hobby?
B: I like playing the violin. What about you?
G: I like drawing a picture.

소녀: 너의 취미는 뭐니?
소녀: 바이올린 연주하는 것을 좋아해. 너는 어때?
소녀: 나는 그림 그리는 것을 좋아해.

• hobby   취미
• like -ing   ~하는 것을 좋아하다
• play the + 악기   ~을 연주하다
• What[How] about you?   너는 어떠니?
• draw a picture   그림을 그리다

정답 ③

2 Script

G: Dad, can I go watch a movie with Jeff?
M: You should finish your math homework before you go.
G: OK. I'll finish it now.

소녀: 아빠, Jeff와 영화 보러 가도 돼요?
남자: 가기 전에 네 수학 숙제를 끝내야 해.
소녀: 알겠어요. 지금 그걸 끝낼게요.

• Can I ~?   ~해도 돼요? (허락 요구)
• watch a movie   영화를 보다
• finish   끝내다, 마치다
• math   수학
• homework   숙제

• before   ~ 전에

정답 ①

3 Script

B: My mom made this cake. Try some.
G: Wow, it tastes so good. Is your mom a cook?
B: No, she is a soccer coach, but she likes cooking.

소년: 우리 엄마가 이 케이크를 만드셨어. 좀 먹어봐.
소녀: 와, 맛이 아주 좋아. 너희 엄마 요리사시니?
소년: 아니, 엄마는 축구 코치이신데, 요리하는 걸 좋아하시지.

• make a cake   케이크를 만들다
• try   시도하다; 먹어보다(맛보다)
• taste   맛이 ~하다
• cook   요리사
• soccer   축구
• coach   코치
• cooking   요리하기, 요리

정답 ①

Listening Type 04

Sample
본문 20쪽

Script
정답 ④

G: We will have winter vacation soon.
B: Yes, I'm so excited. I'll visit my grandparents in Hawaii. How about you?
G: I'll go skiing to the mountains.
Q. What will the boy do during the winter vacation?

소녀: 곧 겨울 방학이 될 거야.
소년: 그래. 난 너무 흥분돼. 하와이에 계신 우리 조부모님댁을 방문할 거야. 너는 어떠니?
소녀: 나는 산으로 스키를 타러 가려고 해.
Q. 겨울 방학 동안 소년은 무엇을 할 것인가요?

• winter   겨울
• vacation   방학, 휴가
• excited   흥분된, 신난
• visit   방문하다
• go -ing   ~하러 가다
• mountain   산
• during   ~ 동안에

Practice
본문 21쪽

1 ▷ Script

B: How could you come back home so quickly?
G: I took the subway today. It's faster than the school bus.
B: Oh, I didn't know that.
Q. *How did the girl come back home today?*

소년: 어떻게 이렇게 집에 빨리 올 수 있었니?
소녀: 오늘은 지하철을 탔어. 지하철이 학교 버스보다 더 빨라.
소년: 아, 그걸 몰랐네.
Q. 소녀는 오늘 집에 어떻게 왔나요?

• come back 돌아오다
• quickly 빠르게
• take the subway 지하철을 타다
• faster 더 빠른 (fast의 비교급)

정답 ④

2 ▷ Script

W: What kind of hair style do you want?
B: I want a short hair style. Can you do that?
W: Of course.
Q. *Where are the woman and the boy now?*

여자: 어떤 종류의 머리 스타일을 하고 싶니?
소년: 나는 짧은 머리 스타일을 원해요. 그렇게 하실 수 있죠?
여자: 물론이지.
Q. 여자와 소년은 지금 어디에 있나요?

• kind of ~ 종류의
• short 짧은

정답 ②

3 ▷ Script

G: I can't wait until spring comes.
B: Enjoy winter. It is so beautiful especially when it snows.
G: I know, but spring is my favorite season.
Q. *Which season does the girl like best?*

소녀: 봄이 올 때까지 기다릴 수 없어.
소년: 겨울을 즐겨. 눈이 올 때면 특별히 더 아름다워.
소녀: 알고 있어, 그렇지만 봄은 내가 가장 좋아하는 계절이야.
Q. 소녀가 가장 좋아하는 계절은 언제인가요?

• wait 기다리다
• until ~할 때까지
• spring 봄
• enjoy 즐기다
• especially 특별히, 특히
• when ~할 때

• snow 눈이 내리다
• favorite 가장 좋아하는
• season 계절
• best 가장

정답 ①

Listening Type 05

Sample
본문 22쪽

Script
정답 ②

(W) It can live both in the water and on the land. It has a hard shell on its back. Its color is usually green. It walks very slowly. Can you guess what it is?

그것은 물속이나 땅 위에 모두 살 수 있습니다. 그것의 등에는 딱딱한 껍질을 가지고 있습니다. 그것은 색상은 보통 녹색입니다. 그것은 아주 천천히 걷습니다. 그것이 무엇인지 추측할 수 있나요?

• live 살다
• both 둘 다, 양쪽
• water 물
• land 땅, 육지
• hard 딱딱한
• shell 껍데기
• back 등, 뒤
• usually 대개, 보통
• slowly 천천히
• guess 추측하다

Practice
본문 23쪽

1 ▷ Script

(W) It is a very large animal. It has big ears and a long nose. It is one of the biggest animals in the world. Can you guess what it is?

그것은 아주 큰 동물입니다. 그것은 큰 귀와 긴 코를 가지고 있습니다. 그것은 세상에서 가장 큰 동물들 중에 하나입니다. 그것이 무엇인지 추측할 수 있나요?

• large 큰
• animal 동물
• big 큰
• ear 귀
• long 긴
• nose 코
• one of the + 최상급 가장 ~한 것들 중 하나
• in the world 세상에서

정답 ④

2 ▷ Script

(M) You can wear this in winter. This is long and keeps you very warm. You can wear this around your neck. Can you guess what this is?

당신은 겨울에 이것을 착용할 수 있습니다. 이것은 길고 당신을 아주 따뜻하게 유지해 줍니다. 당신은 이것을 목 주위에 두를 수 있습니다. 이것이 무엇인지 추측할 수 있나요?

• wear 입다, 신다, 착용하다
• keep + 목적어 + 형용사 (~을) ~하게 유지하다
• warm 따뜻한
• around 주변에, 둘레에
• neck 목

정답 ④

3 ▷ Script

(W) It is an animal living on the land. It has a pocket on the front of its body. It carries its baby in the pocket. It has strong legs for jumping. Can you guess what it is?

그것은 땅 위에 살고 있는 동물입니다. 그것은 몸의 앞에 주머니를 가지고 있습니다. 그 주머니에 그것의 아기를 넣고 다닙니다. 그것은 점프를 위해 튼튼한 다리를 가지고 있습니다. 그것이 무엇인지 추측할 수 있나요?

• living 살고 있는
• pocket 주머니
• front 앞
• body 신체
• carry 가지고 다니다
• baby 아기
• strong 강한
• leg 다리
• jump 뛰어오르다, 점프하다

정답 ③

Listening Type 06

Sample
본문 24쪽

Script 정답 ④

B: Which season do you like best?
G: Spring! Flowers are beautiful at that time. What about you?
B: My favorite season is winter because I can play with snow.

소년: 너는 어느 계절을 가장 좋아하니?
소녀: 봄이야! 그때는 꽃들이 아름다워. 너는 어떠니?

소년: 내가 좋아하는 계절은 겨울이야, 왜냐하면 눈을 가지고 놀 수 있거든.

① 봄　　② 여름　　③ 가을　　④ 겨울

• flower 꽃
• beautiful 아름다운
• at that time 그때, 그 당시
• with ~을 가지고

Practice
본문 25쪽

1 ▷ Script

W: Oranges are 2 dollars each. How many do you want to buy?
B: 4 oranges, please.
W: OK. Then it will be 8 dollars.

여자: 오렌지는 각각 2달러입니다. 몇 개나 사려고 하나요?
소년: 오렌지 네 개 주세요.
여자: 네. 그러면 8달러입니다.

① 2달러　　② 4달러　　③ 6달러　　④ 8달러

• orange 오렌지
• dollar 달러
• buy 사다

정답 ④

2 ▷ Script

B: Wow, did you get an A in math?
G: Yes, math is my favorite subject. But I'm not good at English.
B: Really? I can help you with English, if you want.

소년: 와, 수학에서 A를 받은 거니?
소녀: 응, 수학은 내가 가장 좋아하는 과목이야. 그렇지만 나는 영어는 잘 하지 못해.
소년: 정말? 네가 원한다면 내가 영어 공부를 도와줄 수 있어.

① 미술　　② 수학　　③ 음악　　④ 영어

• math 수학
• subject 과목
• be good at ~을 잘하다
• help 도와주다
• if 만약 ~라면
• art 미술; 예술

정답 ②

3 ▷ Script

B: Linda, why didn't you come to Jim's concert yesterday?
G: I wanted to go, but I had to do my homework.
B: Oh, I see. You can go next time.

5

소년: Linda, 어제 Jim의 연주회에는 왜 오지 않았어?
소녀: 가고 싶었는데, 내 숙제를 해야만 했어.
소년: 아, 그랬구나. 다음 번에는 올 수 있을 거야.

① 그녀는 연주회에 갔다.
② 그녀는 그녀의 숙제를 했다.
③ 그녀는 연주회 티켓을 샀다.
④ 그녀는 그녀의 친구와 함께 Jim을 만났다.

• concert   연주회, 콘서트
• yesterday   어제
• have to   ~해야 한다
• do one's homework   숙제를 하다
• next   다음의

정답 ②

4 Script

G: Can you come to my birthday party tomorrow?
B: I'd love to, but I can't. I must study for the math test.
G: I see. Call me if you finish it early.

소녀: 내일 내 생일 파티에 올 수 있니?
소년: 가고 싶지만, 그럴 수 없어. 수학 시험 공부를 해야만 해.
소녀: 그렇구나. 그것이 일찍 끝나면 내게 전화해.

① 시험보기
② 수학 공부하기
③ 파티에 가기
④ 그의 친구들에게 전화하기

• birthday   생일
• tomorrow   내일
• I'd love to, but I can't.   그러고 싶지만, 그럴 수 없어.
  (제안을 거절하는 표현)
• must   ~해야 한다
• study   공부하다
• test   시험, 테스트
• call   전화하다
• early   일찍

정답 ②

Listening Type 07

Sample   본문 26쪽

Script   정답 ②

Where are you going now?

너는 지금 어디에 가고 있니?
① 12시 전에.
② 시장에.
③ 나의 친구와 함께.
④ 오후에.

• before   ~ 전에
• market   시장
• afternoon   오후

Practice   본문 27쪽

1 Script

Is that your bag?

저것은 너의 가방이니?

① 응, 나는 그럴 거야.
② 아니, 그렇지 않아.
③ 아니, 나는 아니야.
④ 응, 너는 할 수 있어.

• that   저것
• bag   가방

정답 ②

2 Script

How is the weather today?

오늘 날씨는 어때?

① 그것은 내 거야.
② 그것은 작아.
③ 화창해.
④ 열 시야.

• weather   날씨
• mine   나의 것
• small   작은
• sunny   해가 나는, 화창한

정답 ③

3 Script

Why did you go there?

너는 왜 거기에 갔었니?

① 기차로.   ② 집에서.
③ Chris를 만나러.   ④ 세 시간 동안.

• there   거기에
• train   기차
• home   집, 가정
• for   ~ 동안 (기간을 나타내는 전치사)

정답 ③

4 Script

What did you buy at the store?

가게에서 무엇을 샀니?

① 나는 5달러를 지불했어.
② 나는 책을 읽었어.
③ 나는 펜을 하나 샀어.
④ 나는 쇼핑을 좋아해.

• buy 사다 (buy-bought-bought)
• store 가게
• pay 지불하다 (pay-paid-paid)
• like -ing ~하는 것을 좋아하다

정답 ③

Listening Type 08

Sample
본문 28쪽

Script   정답 ③

① The girl is wearing a shirt.
② The girl is taking a picture.
③ The boy is holding the ball.
④ The boy is sitting under the tree.

① 소녀는 셔츠를 입고 있다.
② 소녀는 사진을 찍고 있다.
③ 소년은 공을 들고 있다.
④ 소년은 나무 아래에 앉아 있다.

• wear a shirt 셔츠를 입다
• take a picture[photo] 사진을 찍다
• hold 들다, 집다
• ball 공
• under ~ 아래에
• tree 나무

Practice
본문 29쪽

1 Script

① The boy is wearing glasses.
② The boy is using a computer.
③ The girl is sitting on a chair.
④ The girl is touching the desk.

① 소년은 안경을 쓰고 있다.
② 소년은 컴퓨터를 사용하고 있다.
③ 소녀는 의자에 앉아 있다
④ 소녀는 책상을 만지고 있다.

• wear ~을 쓰다, 입다, 신다
• glasses 안경 (항상 복수로 씀)
• use 사용하다
• chair 의자
• touch 만지다

• desk 책상

정답 ②

2 Script

① A girl is dancing.
② A girl is raising her hands.
③ A boy is wearing glasses.
④ A boy is playing the piano.

① 소녀는 춤을 추고 있다.
② 소녀는 그녀의 손을 들고 있다.
③ 소년은 안경을 쓰고 있다.
④ 소년은 피아노를 연주하고 있다.

• dance 춤을 추다; 춤
• raise 들어 올리다
• hand 손

정답 ④

3 Script

① The girl is wearing a skirt.
② The girl is drawing a picture.
③ The boy is playing the violin.
④ The boy is sitting on the floor.

① 소녀는 치마를 입고 있다.
② 소녀는 그림을 그리고 있다.
③ 소년은 바이올린을 연주하고 있다.
④ 소년은 마루 위에 앉아 있다.

• skirt 치마
• draw a picture 그림을 그리다
• floor 마루

정답 ④

Listening Type 09

Sample
본문 30쪽

Script   정답 ①

① M: When will you go home?
   W: Here it is.
② M: Thank you very much.
   W: You're welcome.
③ M: Is this your notebook?
   W: Yes, it is.
④ M: How does it taste?
   W: It tastes good.

① 남자: 언제 집에 갈 거니?
　여자: 여기 있어요.
② 남자: 대단히 감사합니다.
　여자: 천만에요.
③ 남자: 이것은 너의 공책이니?
　여자: 응, 그래.
④ 남자: 그건 맛이 어때?
　여자: 맛이 좋아.

• Here it is.　여기 있어. (물건 등을 건네 줄 때 쓰는 표현)
• You're welcome.　천만에요. (상대방의 감사 표현에 대한 응답)
• taste　맛이 ~하다

Practice　본문 31쪽

1 ▷ Script

① M: Who is he?
　W: He is my uncle.
② M: How much is this?
　W: It's seven dollars.
③ M: When is your birthday?
　W: At the party.
④ M: Shall we go fishing?
　W: That sounds good.

① 남자: 그는 누구니?
　여자: 그는 내 삼촌이야.
② 남자: 이것은 얼마입니까?
　여자: 7달러입니다.
③ 남자: 네 생일은 언제니?
　여자: 파티에서.
④ 남자: 우리 낚시하러 갈래요?
　여자: 그거 좋을 거 같아요.

• uncle　삼촌, 아저씨
• Shall we ~?　~할래요? (제안하는 표현)
• go -ing　~하러 가다
• sound　~처럼 들리다, ~인 것 같다

정답 ③

2 ▷ Script

① M: What is your name?
　W: My name is Amy.
② M: Can I use your phone?
　W: Yes, you can.
③ M: When did you come here?
　W: Here it is.
④ M: I'm hungry.
　W: Have some bread.

① 남자: 네 이름이 뭐니?
　여자: 제 이름은 Amy입니다.
② 남자: 당신의 전화기를 써도 될까요?
　여자: 네, 써도 됩니다.
③ 남자: 너는 여기에 언제 왔니?
　여자: 여기 있어요.
④ 남자: 나는 배고파.
　여자: 빵 좀 먹어라.

• hungry　배고픈
• have　먹다, 마시다
• bread　빵

정답 ③

3 ▷ Script

① M: Let's go swimming.
　W: Okay, let's go.
② M: Do you like watching movies?
　W: Yes, I do.
③ M: Where did you get this apple?
　W: Every morning.
④ M: Who is the girl in a white coat?
　W: She is my sister.

① 남자: 수영하러 가자.
　여자: 좋아, 가자.
② 남자: 영화 보는 걸 좋아하니?
　여자: 응, 좋아해.
③ 남자: 이 사과를 어디서 얻었니?
　여자: 매일 아침.
④ 남자: 흰색 코트를 입고 있는 저 소녀는 누구니?
　여자: 그녀는 내 여동생이야.

• Let's ~.　~하자.
• get　얻다, 사다
• white　흰색의
• coat　코트, 외투

정답 ③

4 ▷ Script

① M: Will you open the door?
　W: Okay, I will.
② M: How often do you go jogging?
　W: Twice a week.
③ M: Thank you for helping me.
　W: You're welcome.
④ M: What's the weather like today?
　W: It is Monday.

① 남자: 문을 열어 줄래?
　여자: 그래, 내가 열게.
② 남자: 얼마나 자주 조깅을 하러 가니?
　여자: 일주일에 두 번.

③ 남자: 저를 도와주셔서 감사합니다.
　　여자: 천만에요.
④ 남자: 오늘 날씨는 어떠니?
　　여자: 월요일이야.

• open　열다
• door　문
• how often　얼마나 자주
• jog　조깅을 하다
• twice　두 번
• week　주, 일주간
• What's the weather like?　날씨는 어때?
　(= How's the weather?)

정답 ④

> capobzring**ydvskirt**ctupgrazlpwo
> 모자　　반지　　치마

• glasses　안경 (항상 복수로 씀)

정답 ④

Section 2　Reading Part

Reading Type 01

Sample	본문 32쪽 / 정답 ②
beevqbflalroi**butterfly**icj**rock**h 벌　　　　　나비　　　바위	

• flower　꽃

Practice
본문 33쪽

> **two**dfdg**four**dgg**six**etetteghtdge
> 2　　　4　　　6

• eight　8

정답 ④

> **fish**wr**boat**px**glass**trbishumberra
> 물고기　배　유리잔

• umbrella　우산

정답 ④

Reading Type 02

Sample	본문 34쪽 / 정답 ②
① 오래된 – 나쁜 ② 뜨거운 – 차가운 ③ 느린 – 달콤한 ④ 좋은 – 위대한	

Practice
본문 35쪽

① 키가 큰 – 오래된
② 빠른 – 느린
③ 깨끗한 – 조용한
④ 예쁜 – 위대한

정답 ②

2

① 큰 – 작은
② 긴 – 높은
③ 뜨거운 – 따뜻한
④ 슬픈 – 화가 난

정답 ①

① 보다 – 보았다
② 먹다 – 먹었다
③ 말하다 – 말했다
④ 씻다 – 씻었다

① see – saw
② eat – ate
③ say – said

정답 ④

① 자르다 – 잘랐다
② 끝나다 – 끝났다
③ 만들다 – 만들었다
④ 생각하다 – 생각했다

① cut – cut
③ make – made
④ think – thought

정답 ②

Reading Type 03

Sample   본문 36쪽 / 정답 ③

나는 내 가족과 영화를 (본다).

① 먹다   ② 부르다, 전화하다   ③ 보다   ④ 춤추다

• watch a movie   영화를 보다 (= see a movie)

Practice   본문 37쪽

Helen은 바이올린을 잘 (연주할) 수 있다.

① 방문하다   ② 연주하다
③ 요리하다   ④ 만나다

• play the + 악기   ~을 연주하다
• well   잘

정답 ②

하늘에는 한 조각의 (구름)이 있다.

① 파란색   ② 강   ③ 의자   ④ 구름

• There is[are] + 단수명사[복수명사].   ~이 있다.
• sky   하늘

정답 ④

당신은 (동물원)에서 많은 동물을 볼 수 있다.

① 동물원   ② 체육관   ③ 수영장   ④ 은행

• many   많은 (셀 수 있는 명사 앞에서)
• animal   동물

정답 ①

네가 들어온 다음 문을 닫아라.

① 개   ② 인형   ③ 접시   ④ 문

• close   닫다
• after   ~한 후에
• come in   들어오다

정답 ④

Reading Type 04

Sample   본문 38쪽 / 정답 ③

나는 펜 하나를 사려고 한다.

① 나는 펜 하나를 가지고 있다.
② 나는 펜을 사용할 수 있다.
③ 나는 펜 하나를 살 것이다.
④ 나는 펜 하나 사는 것을 좋아한다.

• be going to   ~할 예정이다 (= will)
• buy   사다
• use   사용하다
• like -ing   ~하는 것을 좋아하다

Practice   본문 39쪽

1

나는 아주 행복했다.

① 나는 아주 슬펐다.
② 나는 아주 기분 나빴다.
③ 나는 아주 기분 좋았다.
④ 나는 아주 화가 났다.

• very   아주
• feel   느끼다 (feel–felt–felt)
• sad   슬픈 (↔ happy)

- bad 나쁜, 기분이 나쁜 (↔ good)
- angry 화가 난

정답 ③

| 나는 거기 있는 모든 사람을 알고 있다. |

① 나는 거기 있는 모든 사람을 좋아한다.
② 나는 거기 있는 모든 사람들을 알고 있다.
③ 나는 거기서 매 순간을 즐긴다.
④ 나는 매일 거기 있는 사람들을 만난다.

- everyone 모두
- there 거기, 거기서
- all the people 모든 사람들
- enjoy 즐기다
- every 모든, 매 ~
- moment 순간
- every day 매일

정답 ②

| 그 수업은 오전 9시에 시작한다. |

① 그 수업은 아주 재미있다.
② 그 수업은 아주 길다.
③ 그 수업은 밤에 시작한다.
④ 그 수업은 아침 9시에 시작한다.

- class 수업; 학습, 반
- start 시작하다 (= begin)
- am 오전에 (↔ pm)
- fun 재미있는
- long 긴
- night 밤 (↔ day)
- in the morning 아침에

정답 ④

| 내가 가장 좋아하는 활동은 수영이다. |

① 나는 수영하는 것을 가장 좋아한다.
② 나는 수영 강습이 있다.
③ 나는 수영하는 법을 배우고 싶다.
④ 나는 수영을 아주 잘한다.

- favorite 가장 좋아하는
- thing to do 할 것

- swimming 수영
- most 가장
- lesson 수업, 강습; 단원
- learn 배우다
- how to + 동사원형 ~하는 법
- be good at ~을 잘한다

정답 ①

Reading Type 05

| Sample | 본문 40쪽 / 정답 ③ |

A: 안녕, Mike!
B: 안녕, Sally. 어디 가고 있니?
A: 집에 가고 있어.

① 노래 부르고 있어.
② 가르치고 있어.
③ 집에 가고 있어.
④ 저녁을 먹고 있어.

- sing 노래 부르다
- teach 가르치다
- go home 집으로 가다
- dinner 저녁 식사

Practice
본문 41쪽

A: 이것은 내 남동생 사진이야.
B: 그는 정말 귀엽구나. 몇 살이니?
A: 그는 아홉 살이야.

① 그는 너무 귀여워.
② 그는 학생이야.
③ 그는 아홉 살이야.
④ 그는 사진을 찍고 있어.

- picture 사진, 그림
- cute 귀여운
- How old ~? ~는 몇 살이니? (나이를 묻는 표현)
- student 학생
- take a picture 사진을 찍다

정답 ③

A: 뉴욕 박물관에 가자.
B: 박물관 표는 얼마니?
A: 10달러야.

① 10달러야.
② 10년 전이야.
③ 10번 버스야.
④ 약 10분 정도야.

• Let's go ~.   ~에 가자.
• museum   박물관
• How much ~?   ~은 얼마니? (가격을 묻는 표현)
• ago   ~ 전에
• number   숫자, 수
• about   약, 대략

정답 ①

A: 이 숙제는 정말 내게 어려워!
B: 그러면, 내가 널 도울 수 있어.
A: 정말 고마워.

① 그것은 네 것이야.
② 내 기쁨이야.
③ 그것은 아주 쉬워.
④ 정말 고마워.

정답 ④

Reading Type 06

Sample	본문 42쪽 / 정답 ①

2. 너는 어디에 살고 있니?
3. 나는 Main 가에 살고 있어.
1. 여기서 멀어?
4. 아니, 단지 20분 걸려.

• far from   ~에서 멀리
• live   살다
• it takes ~   ~가 걸리다

Practice
본문 43쪽

1. 제가 도와 드릴까요?
4. 네. 저는 카드를 좀 사려고 해요. 그것들은 어디 있죠?
3. 카드는 저쪽에 있어요.
2. 아, 그렇군요. 대단히 감사합니다.

• help   돕다
• over there   저쪽에
• buy   사다

• some   조금 (수나 양을 나타내는 표현)

정답 ④

3. 너는 지난 주말에 뭐 했어?
1. 나는 동물원에 갔었어.
4. 거기서 무엇을 봤어?
2. 나는 펭귄과 곰들을 봤어.

• zoo   동물원
• penguin   펭귄
• bear   곰
• last   지난
• weekend   주말
• there   거기서

정답 ②

4. 여가 시간에 너는 무엇을 하니?
2. 나는 보통은 음악을 들어.
3. 너는 어떤 종류의 음악을 좋아하니?
1. 나는 클래식 음악을 좋아해.

• classical music   클래식 음악
• usually   보통, 대개
• what kind of   어떤 종류의
• free time   여가 시간

정답 ②

Section 3   Writing Part

Writing Type 01

Sample	본문 44쪽 / 정답 nose

• nose 코

Practice
본문 45쪽

• hand   손

정답 hand

• bird 새

정답 bird

• mouth 입

정답 mouth

Writing Type 02

Sample
본문 46쪽 / 정답 (a)pple

A: 너는 무엇을 들고 있니?
B: 나는 사과를 들고 있어.

• hold 잡다, 쥐다
• apple 사과

Practice
본문 47쪽

A: 내 모자는 어디에 있니?
B: 그것은 소파 위에 있어.

• hat (챙이 있는) 모자
• on ~ 위에
• sofa 소파

정답 (s)ofa

A: 하늘에는 몇 개의 별이 있니?
B: 아홉 개의 별이 있어.

• How many ~ are there? ~이 얼마나 있니? (수량을 묻는 표현)
• star 별

정답 (n)ine

A: 너는 학교에 어떻게 가니?
B: 나는 학교에 걸어서 가.

• How do you go to ~? ~에 어떻게 가니? (교통 수단을 묻는 표현)
• school 학교
• walk 걷다

정답 (w)alk

실전모의고사 1

Listening Part
본문 50~67쪽

1 ①	2 ③	3 ①	4 ①
5 ④	6 ②	7 ①	8 ②
9 ④	10 ①	11 ③	12 ②
13 ②	14 ④	15 ②	16 ①
17 ④	18 ④	19 ③	20 ②
21 ①	22 ②	23 ③	24 ③
25 ④	26 ①	27 ①	28 ①
29 ②	30 ①	31 ②	32 ③
33 ④			

Reading Part

34 ③	35 ①	36 ①	37 ④
38 ④	39 ④	40 ④	41 ②
42 ①	43 ②	44 ①	45 ④

Writing Part

1 fork	2 watch	3 (f)our
4 (s)occer	5 (k)ey	

Listening Part

egg

• egg 계란

fan

• fan 부채; 선풍기

lion

• lion 사자

13

Playing tennis

테니스 치기

Riding a bike

자전거 타기

There are four apples.

네 개의 사과가 있다.

• There is[are] + 단수명사[복수명사]. ~이 있다.
• apple   사과

I play the violin.

나는 바이올린을 연주한다.

• play the + 악기   ~을 연주하다

Sit on the couch.

소파 위에 앉아라.

• sit   앉다
• couch   소파

I like cooking with my mom.

나는 엄마와 요리하는 것을 좋아한다.

• like -ing   ~하는 것을 좋아하다
• cook   요리하다
• with   ~와 함께

I have a headache.

나는 두통이 있다.

• headache   두통

We went to the Halla mountain.

나는 한라산에 갔다.

• go to ~   ~로 가다 (go-went-gone)
• mountain   산

W: Are you ready to order?
B: Yes, I'd like to have a cheeseburger and a coke.
W: OK. That will be $5.

여자: 주문하시겠어요?
소년: 네, 치즈버거 한 개와 콜라 한 개 주세요.
여자: 네. 5달러 입니다.

• be ready to + 동사원형   ~할 준비가 되어 있다
• order   주문하다
• I'd (= I would) like to + 동사원형   ~하고 싶다
• have   먹다, 마시다
• coke   콜라

M: What does your father do?
G: He is an English teacher.
M: Oh, that's why you speak English very well.

남자: 너의 아버지는 어떤 일을 하시니?
소녀: 그는 영어 선생님이셔.
남자: 오, 그래서 네가 영어를 그렇게 잘 말하는구나.

• What does your father do?   너의 아버지는 어떤 일을 하시니?
〈직업을 묻는 표현〉
• teacher   선생님
• That's why ~.   그래서 ~이다.
• why   이유; 왜
• speak   말하다
• very   아주
• well   잘

W: Jeff, where are you?
B: I'm in my room. I'm talking on the phone now.
W: All right. Have dinner after you are done.

여자: Jeff, 너 어디에 있니?
소년: 제 방에 있어요. 지금 전화 통화 중이에요.
여자: 알겠어. 통화 끝나면 저녁 먹어라.

• where   어디에

- in my room　내 방에
- talk on the phone　전화로 말하다; 통화 중이다
- now　지금
- All right.　알겠어, 좋아. (= Alright. / OK.)
- have dinner　저녁 식사를 하다
- after　~한 후에
- be done　일을 끝내다

M: Excuse me, can you tell me what time it is now?
G: It's 4:30.
M: Thank you very much.

남자: 실례합니다, 지금 몇 시인지 알려 주실 수 있나요?
소녀: 4시 30분입니다.
남자: 대단히 감사합니다.

- Excuse me.　실례합니다.
- Can you tell me ~?　나에게 ~를 말해 주시겠어요?
- It's 4:30.　4시 30분이에요. (시간을 말할 때 「It is +시간」으로 씀)

B: Estella, what's your hobby?
G: I like collecting sea shells.
B: Really? Me, too.

소년: Estella, 너의 취미가 뭐니?
소녀: 나는 조개껍데기 모으는 것을 좋아해.
소년: 정말? 나도 그런데.

- hobby　취미
- like -ing　~하는 것을 좋아하다
- collect　모으다, 수집하다
- sea shell　조개껍데기
- really　정말
- Me, too.　나도 그래.

G: How do you get to school, Ralph?
B: By bus. What about you?
G: I use a bus, too. Let's go to school together tomorrow.
Q. How do the boy and the girl get to school?

소녀: Ralph, 너는 학교에 어떻게 가니?
소년: 버스로 가. 너는 어떠니?
소녀: 나도 버스를 이용해. 내일 학교에 같이 가자.
Q. 소년과 소녀는 어떻게 학교에 가는가?

- how　어떻게
- get to　~에 도착하다
- by bus　버스로

- What about you?　너는 어떠니? (= How about you?)
- use　사용[이용]하다
- Let's ~.　~하자.
- together　같이, 함께
- tomorrow　내일

M: Susan, what did you do last Saturday?
G: I went shopping with my friends.
M: It must have been fun.
Q. What did the girl do last weekend?

남자: Susan, 지난 토요일에 뭘 했니?
소녀: 저는 친구들과 함께 쇼핑하러 갔어요.
남자: 아주 재미있었겠구나.
Q. 소녀는 지난 주말에 무엇을 했는가?

- last Saturday　지난 토요일
- go shopping　쇼핑하러 가다
- with my friends　내 친구들과 같이
- must have been　~이었음에 틀림없다
- so　아주, 매우
- fun　재미있는
- last weekend　지난 주말

B: Wow, look at these toy cars! I want all of them.
M: You can't have them all. Choose the one you like the most.
B: The red sports car is my favorite.
Q. Which toy car will the boy buy?

소년: 와, 이 장난감 자동차들 좀 봐요! 저것들을 다 갖고 싶어요.
남자: 너는 저것들을 다 가질 수는 없지. 네가 가장 좋아하는 것 하나를 고르렴.
소년: 이 빨간색 스포츠카가 내가 가장 좋아하는 거예요.
Q. 소년은 어떤 장난감 차를 살 것인가요?

- look at　~을 보다
- these toy cars　이 장난감 자동차들
- want　원하다
- all of them　그것들 모두
- choose　고르다, 선택하다
- the most　가장
- favorite　가장 좋아하는 것
- buy　사다

W: Are you OK, Ann? You don't look good.
G: Ms. Thompson, I think I have a cold.
W: You should go to see a doctor.
Q. Where will the girl probably go?

여자: 너 괜찮니, Ann? 너 좀 안 좋아 보인다.
소녀: Thompson 선생님, 저는 감기에 걸린 것 같아요.
여자: 병원에 가보렴.
Q. 소녀는 아마도 어디에 가게 될까요?

- Are you OK?   너 괜찮니? (= Are you all right?)
- don't look   ~하게 보이지 않다
- I think ~.   나는 ~라고 생각해요, ~인 것 같아요
- have a cold   감기에 걸리다
- should   ~해야 한다
- go to see a doctor   의사의 진찰을 받으러 가다, 병원에 가다
- probably   아마도

 21

(M) These are usually used in summer. When it is sunny outside, you wear them because they protect your eyes. They have two lenses.

이것은 주로 여름에 사용된다. 야외에서 햇빛이 비칠 때, 당신은 이것을 착용하는데 이것이 당신의 눈을 보호해 주기 때문이다. 이것은 렌즈가 두 개이다.

- these   이것들 (cf. this 이것)
- usually   주로, 대개
- be used   사용되다
- in summer   여름에
- when   ~일 때
- sunny   화창한, 햇빛이 비치는
- outside   바깥에
- wear   착용하다
- because   ~ 때문에
- protect   보호하다
- eye   눈
- have   가지고 있다
- lense   렌즈

 22

W: How do you want to do your hair?
B: I just want to have my hair cut.
W: Just make it short? OK.

여자: 당신의 머리를 어떻게 하고 싶으세요?
소년: 저는 단지 머리를 자르고 싶어요.
여자: 그냥 짧게 하면 되는 거예요? 알겠어요.

① 백화점   ② 미용실   ③ 박물관   ④ 음식점

- department store   백화점
- beauty shop   미용실
- museum   박물관, 미술관
- restaurant   음식점

 23

G: I need to buy a gift for my daddy.
B: What does he like? Does he play golf?
G: Yes, I think I'll get him some golf balls.

소녀: 나는 아빠한테 선물을 하나 사 드려야 해.
소년: 아빠가 뭘 좋아하시니? 골프를 치시니?
소녀: 응, 아빠에게 골프공을 좀 사 드려야겠다.

① 넥타이들   ② 모자들   ③ 골프 공들   ④ 양말들

- need to ~   ~ 해야 한다, ~할 필요가 있다
- buy A for B   B에게 A를 사 주다
- play golf   골프를 치다
- get A B   A에게 B를 사 주다
- tie   넥타이 (= necktie)
- cap   (창 달린) 모자
- socks   양말

 24

B: Mom, can I play the computer game now?
W: No, you should finish your homework first.
B: OK, I'll do my homework. But later I'll play the game.

소년: 엄마, 지금 제가 컴퓨터 게임 해도 돼요?
엄마: 안 돼, 너는 네 숙제를 먼저 끝내야 해.
소년: 알았어요, 숙제할게요. 하지만 나중에 게임을 할 거예요.

① 점심 먹기
② 샤워하기
③ 숙제를 끝내기
④ 컴퓨터 게임하기

- Can I ~?   내가 ~해도 될까요?
- play the computer game   컴퓨터 게임을 하다
- should   ~해야 한다
- finish   ~을 끝내다
- do one's homework   숙제를 하다
- first   먼저
- later   나중에
- have lunch   점심을 먹다 (= eat lunch)
- take a shower   샤워하다

 25

G: Oh, Joey, sorry that I couldn't go to your birthday party.
B: Oh, Monica, why didn't you come to my party?
G: I was traveling with my family at that time.

소녀: 오, Joey, 내가 너의 생일 파티에 가지 못해서 미안해.
소년: 오, Monica, 왜 너 내 파티에 오지 않았니?
소녀: 나는 그때 내 가족과 함께 여행 중이었어.

① 그녀는 아팠다.
② 그녀는 영화를 한 편 보았다.
③ 그녀는 파티에 대해 잊었다.
④ 그녀는 가족과 함께 여행을 했다.

- couldn't ~   ~할 수 없었다 (can't의 과거형)
- go to ~   ~로 가다
- why   왜
- Why didn't you ~?   왜 너 ~하지 않았니?
- come to ~   ~로 오다
- travel   여행하다 (travel-traveled-traveled)
- was[were] –ing   ~하고 있었다
- with ~   ~와 함께
- at that time   그때, 그 시간에
- sick   아픈
- watch a movie   영화를 보다
- forget about   ~에 대해 잊다

Can you swim well?

너 수영 잘 할 수 있니?

① 네, 나는 할 수 있어요.
② 네, 그래 주세요.
③ 아니요, 아무것도 없어요.
④ 아니요, 됐어요.

- Can you ~?   너 ~할 수 있니?
- swim   수영하다
- well   잘
- nothing   아무것도 ~아니다
- No, thank you.   아니요, 됐어요 〈사양하는 말〉

How tall are you?

너는 키가 얼마니 크니?

① 키가 153cm이다.
② 120달러이다.
③ 오늘은 비가 내린다.
④ 오후 10시 30분이다.

- tall   키가 ~인; 키가 큰
- rain   비가 내리다
- today   오늘
- pm   오후 (cf. am 오전)

Where do you live now?

너는 지금 어디에 사니?

① 나는 서울에 살아.
② 나는 피자 먹는 것을 좋아해.
③ 나는 지금 너무 바빠.
④ 나는 일본에 가고 싶어.

- live in ~   ~에 살다
- now   지금
- like –ing   ~하는 것을 좋아하다
- eat   먹다
- too   너무
- busy   바쁜
- want to ~   ~하기를 원한다, ~하고 싶다
- go to ~   ~로 가다
- Japan   일본

29

Who is that man?

저 남자는 누구니?

① 그는 운이 좋다.
② 그는 내 삼촌이다.
③ 그는 잘생겼다.
④ 그는 TV를 보고 있다.

- who   누구
- that ~   저 ~
- man   남자; 사람
- lucky   운이 좋은, 행운의
- uncle   삼촌, 이모부, 고모부
- handsome   잘생긴
- watch TV   TV를 보다

30

① They are singing together.
② They are playing tennis together.
③ They are washing dishes together.
④ They are cleaning the room together.

① 그들은 함께 노래를 부르고 있다.
② 그들은 함께 테니스를 치고 있다.
③ 그들은 함께 설거지를 하고 있다.
④ 그들은 함께 방을 청소하고 있다.

• together 함께
• play tennis 테니스를 치다
• wash the dishes 설거지를 하다
• clean 청소하다

31

---
① M: May I use your pen?
   W: Sure, go ahead.
② M: What are you doing?
   W: She is my sister.
③ M: Thank you so much.
   W: No problem.
④ M: Do you have a ticket?
   W: Yes, I do.
---

① 남자: 내가 너의 펜을 써도 될까?
   여자: 그럼, 어서 써.
② 남자: 너 뭐 하고 있는 중이니?
   여자: 그녀는 내 여동생이야.
③ 남자: 정말 고마워.
   여자: 천만에.
④ 남자: 너 표 있어?
   여자: 응, 있어.

• May I ~? 내가 ~해도 될까? (= Can I ~?)
• Sure. 그럼.
• Go ahead. 어서 해.
• so 아주
• much 많이
• No problem. 천만에. 〈감사에 대한 응답〉
• Do you have ~? 너 ~ 갖고 있니?

32

---
① M: What is your name?
   W: My name is Rachel.
② M: Where are you from?
   W: I am from Canada.
③ M: How's the weather today?
   W: On foot.
④ M: When will you leave?
   W: In 10 minutes.
---

① 남자: 너의 이름이 뭐지?
   여자: 내 이름은 Rachel이야.
② 남자: 너 어디에서 왔니?
   여자: 나는 캐나다에서 왔어.
③ 남자: 오늘 날씨가 어떠니?
   여자: 걸어서.

④ 남자: 너 언제 떠날 거니?
   여자: 10분 후에.

• be from ~ ~ 출신이다, ~에서 왔다
• How is the weather today? 오늘 날씨가 어떠니?
  (= What is the weather like today?)
• foot 발
• on foot 걸어서, 도보로
• leave 떠나다, 출발하다
• in 10 minutes 10분 후에
• minute 분 (cf. hour 시간, second 초)

33

---
① W: I really need to go now.
   M: OK. I'll see you later.
② W: Can I open the window?
   M: Sure. Go ahead.
③ W: Look at this flower.
   M: Oh, it is beautiful.
④ W: You did a good job.
   M: I am a teacher.
---

① 여자: 나 지금 정말 가야 해.
   남자: 알았어. 나중에 보자.
② 여자: 내가 창문을 열어도 될까?
   남자: 그럼. 어서 해.
③ 여자: 이 꽃 좀 봐.
   남자: 오, 아름답네.
④ 여자: 너 잘 해냈구나.
   남자: 나는 선생님이야.

• really 정말로
• need to ~ ~해야 한다
• later 나중에
• Can I ~? 내가 ~해도 될까?
• look at ~ ~을 보다
• beautiful 아름다운
• do a good job 일을 잘 해내다 (do-did-done)

Reading Part

34

---
qw**pen**vrzt**cow**ghiop**chair**hweg
   펜   소   의자

• pen 펜
• cow 소
• grape 포도
• chair 의자

35

nshor**cup**ufxzkjqpa**cake**lq**bag**av
컵 케이크 가방

- shirt 셔츠
- cup 컵
- bag 가방
- cake 케이크

 36

① hot (뜨거운) – cold (차가운)
② big (큰) – huge (거대한)
③ small (작은) – smell (냄새)
④ strong (강한) – long (길이가 긴)

- opposite 반대의
- meaning 의미

 37

① do (~하다) – did
② see (보다) – saw
③ take (가지고 가다) – took
④ play (놀다, 연주하다) – played

- correct 올바른
- past tense 과거형

 38

(정말로) 키가 큰 나무로군!

- What + a[an] + 형용사 + 명사 + 주어 +동사!
  정말 ~한 …로구나! (감탄문)
- tree 나무

 39

오늘은 비가 온다. (우산)을 갖고 가렴.

① 음료수 ② 장갑 ③ 사진 ④ 우산

- rain 비가 내리다
- today 오늘
- please 제발 (간곡하게 부탁할 때 씀)
- take 가지고 가다
- drink 음료수; 마시다
- glove 장갑
- picture 사진, 그림
- umbrella 우산

40

도와 드릴까요?

① 말하는 사람은 5월을 좋아한다.
② 말하는 사람은 도움이 좀 필요하다.
③ 말하는 사람은 5월에 돕기를 원한다.
④ 말하는 사람은 도움을 좀 주고 싶어 한다.

- May I ~? 내가 ~해도 될까요?
- help 도와주다; 도움
- speaker 말하는 사람
- like 좋아하다
- May 5월
- need ~이 필요하다
- some 약간의
- want to ~ ~하기를 원하다

 41

그는 어제 많은 책을 읽었다.

① 그는 어제 책 한 권을 읽었다.
② 그는 어제 많은 책을 읽었다.
③ 그는 어제 많은 책을 샀다.
④ 그는 어제 책을 많이 읽지 않았다.

- read 읽다 (read-read-read)
- a lot of 많은 (= many, lots of)
- yesterday 어제
- buy 사다 (buy-bought-bought)
- didn't read 읽지 않았다

42

A: 나는 캐나다로 공부하러 갈 거야.
B: 너는 어제 떠나는데?
A: 다음 금요일에.

① 다음 금요일에. ② 세 번.
③ 일주일에 한 번. ④ 6분 전에.

- will ~할 것이다
- study 공부하다
- leave 떠나다
- next 다음의
- three times 세 번
- once 한 번
- once a week 일주일에 한 번
- minute 분 (시간의 단위)
- ago ~ 전에

43

> A: 이 CD 플레이어는 아주 비싸군.
> B: 가격이 얼만데?
> A: 그것은 70달러야.

① 그것은 작동이 잘돼.
② 그것은 70달러야.
③ 그것은 아주 멋져 보여.
④ 그것은 훨씬 싸.

- very   아주, 매우
- expensive   비싼 (↔ cheap)
- How much is it?   가격이 얼마죠?
- work   작동되다
- look   ~해 보이다
- much   훨씬 (비교급 앞에서 강조)
- cheaper   더 비싼 (cheap의 비교급)

44

> A: 나는 내 외투를 찾고 있어.
> B: 이것이 네 것이니?
> A: 응, 그거 내 거야.

① 응, 그거 내 거야.
② 아니, 너 멋있어 보인다.
③ 응, 그거 좋겠다.
④ 아니, 네 것은 내 것과 똑같아.

- look for   ~을 찾다
- coat   외투
- yours   너의 것
- mine   나의 것
- look fine   멋있어 보이다
- same   똑같은

45

> 1. 너 어디에 가고 있니?
> 4. 나는 도서관에 가는 길이야.
> 3. 나도 도서관에 가야 하는데.
> 2. 그러면 같이 가자.

- be going   가고 있는 중이다
- then   그러면
- together   함께, 같이
- need to + 동사원형   ~해야 한다, ~할 필요가 있다
- library   도서관
- on one's way to ~   ~로 가는 중인

Writing Part

1

> fork

- fork   포크   cf. pork 돼지고기

2

> watch

- watch   손목시계   cf. clock 탁상시계, 벽걸이 시계

3

> A: 농장에 오리가 몇 마리 있니?
> B: 오리가 네 마리 있어.

- how many ~   얼마나 많은 ~
- duck   오리
- on the farm   농장에

4

> A: 네가 가장 좋아하는 운동은 뭐니?
> B: 나는 축구 시합하는 것을 좋아해.

- favorite   가장 좋아하는
- play football   축구 시합을 하다

5

> A: Mary, 문을 열어줘.
> B: John, 나 열쇠가 없는 것 같아.

- open   열다
- door   문
- Open the door.   문을 열어라. (명령문)
- I think ~   나는 ~라고 생각한다
- don't have ~   ~을 갖고 있지 않다
- key   열쇠

실전모의고사 **2**

Listening Part

본문 70~87쪽

1 ④	2 ①	3 ④	4 ②
5 ③	6 ②	7 ①	8 ④
9 ①	10 ③	11 ②	12 ④
13 ④	14 ④	15 ③	16 ②
17 ④	18 ①	19 ③	20 ②
21 ①	22 ③	23 ②	24 ①
25 ④	26 ③	27 ③	28 ④
29 ④	30 ③	31 ③	32 ①
33 ②			

Reading Part

34 ③	35 ②	36 ②	37 ④
38 ①	39 ③	40 ④	41 ③
42 ①	43 ②	44 ③	45 ②

Writing Part

1 frog	2 apple	3 (b)oat	4 (s)tore
5 (s)tar			

Listening Part

A candy

• candy   캔디, 사탕

A pencil

• pencil   연필

A rabbit

• rabbit   토끼

Playing baseball

야구하기

• play   운동 경기를 하다
• baseball   야구

Singing a song

노래 부르기

• sing   노래를 부르다
• song   노래

There are three caps.

모자가 세 개 있다.

• There is[are] + 단수명사[복수명사].   ~이 있다.
• three   세 개
• cap   (앞부분에 챙이 달린) 모자

I play the piano.

나는 피아노를 친다.

• play the + 악기   ~을 연주하다
• play the piano   피아노를 치다

I raise my hands.

나는 내 두 손을 든다.

• raise   들다, 들어 올리다
• hand   손

I have a doll.

나는 인형 한 개를 갖고 있다.

• have   갖고 있다
• doll   인형

21

> I like riding a bicycle.

나는 자전거 타는 것을 좋아한다.

- like -ing ~ 하는 것을 좋아하다
- ride ~을 타다
- bicycle 자전거 (= bike)

> We went to an amusement park.

우리는 놀이공원에 갔다.

- go to ~ ~에 가다 (go-went-gone)
- amusement 오락, 놀이
- amusement park 놀이공원

12

> M: What do you want to have for lunch?
> G: I'd like to get some pizza.
> M: OK. I'll order it.

남자: 너는 점심으로 무엇을 먹고 싶니?
소녀: 저는 피자를 먹고 싶어요.
남자: 알겠어. 내가 그것을 주문할게.

- want to ~ ~ 하기를 원하다
- have 먹다, 마시다
- for lunch 점심 식사로
- I'd (= I would) like to ~. 나는 ~하고 싶다.
- get 먹다
- I'll (= I will) ~. 나는 ~할 거야.
- order 주문하다
- be going to ~ ~할 것이다

13

> W: What is your father's job?
> G: He is a firefighter. He's very brave.
> W: You must be proud of your father.

여자: 너의 아버지 직업이 뭐니?
소녀: 아버지는 소방관이세요. 아주 용감하세요.
여자: 너는 아버지가 자랑스럽겠구나.

- job 직업, 일
- firefighter 소방관
- brave 용감한
- must ~임에 틀림없다

- be proud of ~ ~을 자랑스러워 하다

> G: Do you want to go for a walk?
> B: No, I need to finish my TV show.
> G: All right. Enjoy your show.

소녀: 너 산책하러 가기를 원하니?
소년: 아니, 나는 TV 쇼를 마저 봐야 해.
소녀: 알겠어. TV 쇼 재미있게 봐.

- want to ~ ~ 하기를 원하다
- go for a walk 산책하러 가다
- need to ~ ~ 해야 한다, ~ 할 필요가 있다
- finish 끝내다, 마무리하다
- All right. 알겠어. (= OK.)
- enjoy 즐기다

15

> B: I think I'm late. What is the time now?
> G: It's only 8:30.
> B: 8:30? My train leaves at 9:00. I'd better hurry.

소년: 나 늦은 것 같아. 지금 몇 시니?
소녀: 8시 30분밖에 안 되었는데.
소년: 8시 30분이라고? 내 기차는 9시에 출발해. 서두르는게 좋겠어.

- I think ~. 나는 ~라고 생각해, ~인 것 같아.
- I am late. 나는 늦었어.
- What is the time? 지금 몇 시지? (= What time is it?)
- only 겨우
- leave 떠나다, 출발하다
- I'd better (= I had better) ~ ~하는 것이 낫다
- hurry 서두르다

> W: What do you like to do in your free time?
> G: I like to read many books.
> W: That's a very good hobby.

여자: 너는 여가 시간에 뭘 하는 것을 좋아하니?
소녀: 저는 책을 많이 읽는 것을 좋아해요.
여자: 그거 아주 좋은 취미구나.

- like to ~ ~하는 것을 좋아하다
- free time 여가 시간, 자유 시간
- read 읽다
- many 많은
- hobby 취미

G: I'll go to Jeju Island with my family.
B: That's wonderful. How are you going to get there?
G: By airplane. Actually, the flight will be really exciting to me.
Q. How will the girl go to Jeju Island?

소녀: 나는 가족과 함께 제주도에 갈 예정이야.
소년: 멋지다. 거기에 어떻게 갈 건데?
소녀: 비행기로. 사실, 비행기 여행은 나에게는 정말 신날 것 같아.
Q. 소녀는 어떻게 제주도에 갈까요?

• with my family 내 가족과 함께
• wonderful 멋진, 훌륭한
• How are you going to ~? 어떻게 ~할 예정이니?
• get there 거기에 도착하다
• by airplane 비행기로
• actually 사실은, 실제로
• flight 비행기 여행, 비행
• really 정말로
• exciting 신나는, 흥미진진한

M: You look so tired, Susie. What is the matter?
G: Nothing. I just went skiing yesterday, so I feel tired.
M: Oh, I see. Yes, skiing is quite a tiring sport.
Q. What did the girl do yesterday?

남자: 너 아주 피곤해 보인다, Susie야. 무슨 일 있니?
소녀: 아무일 없어요. 저는 그냥 어제 스키를 타러 가서 피곤한 거예요.
남자: 아, 그렇구나. 그래, 스키는 꽤 피곤하게 만드는 스포츠지.
Q. 소녀는 어제 무엇을 했나요?

• look ~하게 보이다
• so 아주
• tired 피곤해하는
• What is the matter? 무슨 문제 있니?, 어디 아프니?
• nothing 아무것도 ~ 아니다
• just 단지
• go skiing 스키를 타러 가다 (go-went-gone)
• yesterday 어제
• feel tired 피곤하게 느끼다
• I see. (이제) 알겠다., 그렇구나.
• quite 제법, 꽤
• tiring 피곤하게 만드는

W: How did you do in your painting contest?
B: I drew a picture of flowers in a vase and I won the first prize.
W: Wow, congratulations!
Q. Which picture did the boy draw?

여자: 그림 그리기 대회에서 어떻게 했니?
소년: 내가 꽃병에 있는 꽃 그림을 그렸는데 1등상을 받았어.
여자: 와, 축하해!
Q. 소년은 어떤 그림을 그렸나요?

• painting contest 그림 그리기 대회
• draw 그리다 (draw-drew-drawn)
• picture 그림, 사진
• flower 꽃
• vase 꽃병
• win 상을 받다; 우승하다 (win-won-won)
• first prize 1등상
• Congratulations! 축하해!

B: Can you help me with this math problem?
G: Sorry, I have to go to see a dentist now.
B: That's right. You have a toothache.
Q. Where will the girl go?

소년: 너 내 이 수학 문제 좀 도와줄 수 있어?
소녀: 미안, 나 지금 치과에 가야 돼.
소년: 맞아. 너 치통 있지.
Q. 소녀는 어디에 갈까요?

• help A with B A의 B를 도와주다
• have to ~ ~해야 한다
• go to see a dentist 치과에 가다
• That's right. 맞았어., 그래.
• have a toothache 치통이 있다

(M) It's a round-shaped fruit. It's green with black stripes outside. It's red inside. It's sweet and juicy. We usually eat this in summer.

이것은 둥근 모양을 한 과일입니다. 이것은 바깥 부분은 녹색인데 검정색 줄무늬가 있습니다. 속은 빨갛습니다. 이것은 달콤하고 즙이 많습니다. 우리는 이것을 보통 여름에 먹습니다.

• round 둥근
• round-shaped 둥근 모양의
• fruit 과일
• stripe 줄무늬
• outside 바깥쪽에, 외부에
• inside 안쪽에, 내부에
• sweet 달콤한
• juicy 즙이 많은
• usually 보통, 대개
• summer 여름
• in summer 여름에

W: Are you ready to order?
B: Yes, I'd like to order a meatball spaghetti.
W: Anything to drink?

여자: 주문하시겠어요?
소년: 네, 미트볼 스파게티 하나를 주문하고 싶어요.
여자: 마실 것은요?

① 문구점　　　　　　　② 수족관
③ 음식점　　　　　　　④ 박물관

• be ready to ~　~할 준비가 되어 있다
• order　주문하다
• I'd like to ~　~하고 싶다
• anything　무엇인가, 아무것도
• drink　마시다
• stationery store　문구점
• aquarium　수족관
• restaurant　음식점
• museum　박물관

G: I don't know what to get for my brother.
B: What about a bag?
G: Yes, he needs a new bag. I'll get one.

소녀: 나는 내 남동생을 위해 무엇을 사 주어야 할지 모르겠어.
소년: 가방은 어때?
소년: 응, 그는 새 가방이 필요해. 하나 사야겠다.

① 종　　　② 가방　　　③ 침대　　　④ 상자

• I don't know what to +동사원형 ~　나는 무엇을 ~해야 할지 모르겠어. (= I don't know what I should + 동사원형 ~)
• get A for B　B에게 A를 사 주다
• What about ~?　~은 어때? (= How about ~?)
• need　~이 필요하다
• get　사다
• bell　종
• bed　침대
• box　상자

B: Let's go swimming, Jennifer.
G: I thought your mom's waiting for you to come home.
B: That's right. I almost forgot. Yes, I should go home.

소년: 수영하러 가자, Jennifer.
소녀: 나는 너의 엄마가 네가 집에 오기를 기다리고 계신다고 생각했는데.

소년: 맞아. 하마터면 잊을 뻔했네. 그래. 나는 집에 가야 해.

① 집에 가기
② 낚시하러 가기
③ 학교에 가기
④ 수영하러 가기

• Let's ~.　~ 하자.
• go swimming　수영하러 가다
• think　생각하다 (think-thought-thought)
• your mom's waiting　너의 엄마가 기다리고 계신다
  (= your mom is waiting)
• come home　집에 오다
• almost forgot　하마터면 잊어버릴 뻔했다
  (forget-forgot-forgotten)
• should　~해야 한다
• go home　집에 가다
• go fishing　낚시하러 가다
• go to school　학교에 가다

W: You are late again.
G: Sorry, Miss Smith. I missed the school bus.
W: You should get up early, so you're at the bus stop on time.

여자: 너 또 지각했구나.
소녀: 죄송합니다, Smith 선생님. 저는 스쿨 버스를 놓쳤어요.
여자: 너는 일찍 일어나서, 버스 정류장에 제시간에 와야 해.

① 그녀는 Smith 선생님을 만났다.
② 그녀는 호수에서 멈췄다.
③ 그녀는 전화를 받았다.
④ 그녀는 스쿨 버스를 놓쳤다.

• be late　늦다, 지각하다
• again　다시
• miss　놓치다 (miss-missed-missed)
• should　~해야 한다
• get up　(잠자리에서) 일어나다
• early　일찍
• bus stop　버스 정류장
• on time　제시간에
• meet　만나다 (meet-met-met)
• stop　멈추다 (stop-stopped-stopped)
• lake　호수
• pick up the phone　전화를 받다 (pick-picked-picked)

26

May I leave a message?

제가 메시지를 남겨도 될까요?

① 네, 그럴게요.
② 아니요, 괜찮아요.
③ 네, 그러세요.
④ 아니요, 그것은 잘못되었네요.

- may ~해도 좋다
- May I ~? 제가 ~해도 될까요?
- leave 남기다, 남겨 놓다
- message 메시지
- That's OK. 괜찮아요.
- wrong 잘못된, 틀린

How old is your sister?

너의 누나는 몇 살이니?

① 키가 20cm야.
② 20 달러야.
③ 나이가 20살이야.
④ 20년 전에.

- How old is ~? ~는 몇 살이니?
- your sister 너의 누나[언니, 여동생]
- ~ tall 키가 ~인
- ~ years old 나이가 ~살인
- ~ ago ~ 전에

Where is my blue pen?

내 파란색 펜은 어디에 있니?

① 문제 없어. (괜찮아.)
② 7시 30분.
③ 저녁에.
④ 책상 밑에.

- Where is ~? ~은 어디에 있니?
- my 나의
- blue 파란색의
- problem 문제, 골칫거리
- in the evening 저녁에
- under ~ 아래에
- desk 책상

Who did he go shopping with?

그는 누구와 함께 쇼핑을 하러 갔나요?

① 그는 선생님이었다.
② 그는 차 한 잔을 마셨다.
③ 그는 쇼핑을 즐겼다.
④ 그는 자기 친구들과 함께 갔다.

- go shopping 쇼핑을 하러 가다
- with ~와 함께
- teacher 선생님
- have 먹다, 마시다 (have-had-had)
- a cup of tea 차 한 잔
- enjoy -ing ~하는 것을 즐기다

① They are studying in the room.
② They are running on the ground.
③ They are hiking in the mountain.
④ They are watering in the garden.

① 그들은 방에서 공부를 하고 있다.
② 그들은 운동장에서 달리고 있다.
③ 그들은 산에서 등산을 하고 있다.
④ 그들은 정원에서 물을 주고 있다.

- study 공부하다
- room 방
- in the room 방 안에서
- run 달리다
- on the ground 운동장에서
- hike 등산하다, 하이킹하다
- mountain 산
- in the mountain 산에서
- water 물을 주다; 물
- garden 정원
- in the garden 정원에서

① B: How are you?
  G: I'm fine.
② B: Who is that lady?
  G: She is my teacher.
③ B: May I open the door?
  G: I like May.
④ B: Is that yours?
  G: Yes, it's mine.

① 소년: 어떻게 지내니?
  소녀: 잘 지내.
② 소년: 저 여자 분은 누구야?
  소녀: 그녀는 내 선생님이셔.
③ 소년: 내가 문을 열어도 될까?
  소녀: 나는 5월이 좋아.

④ 소년: 저것이 네 것이니?
　소녀: 응, 그것은 내 것이야.

- How are you?　어떻게 지내니? 〈안부 인사〉
- fine　괜찮은
- that　저 ~ 〈명사 앞에서〉, 저것 〈단독으로 쓰일 때〉
- lady　숙녀
- May I ~?　내가 ~해도 될까요?
- open　열다
- door　문
- like　좋아하다
- May　5월
- yours　너의 것
- mine　나의 것

 32

---

① B: How strong is this?
　G: It smells good.
② B: Can you help me?
　G: Of course, I can.
③ B: Where do you live?
　G: I live in Tokyo.
④ B: When will you come?
　G: I'm coming now.

---

① 소년: 이것은 얼마나 강하지?
　소녀: 그것은 냄새가 좋구나.
② 소년: 나를 도와줄 수 있니?
　소녀: 물론이지, 내가 도와줄 수 있어.
③ 소년: 너 어디에 사니?
　소녀: 나는 도쿄에 살아.
④ 소년: 너 어제 올 거야?
　소녀: 나 지금 가고 있어.

- strong　강한
- smell　~한 냄새가 나다
- Of course.　물론이지.
- live in ~　~에 산다
- I'm coming now.　나 지금 가고 있어.

 33

---

① G: I'm so sorry.
　B: That's OK.
② G: What color is this?
　B: This way, please.
③ G: How was your lunch?
　B: It was good.
④ G: Will you open the door?
　B: Yes, I will.

---

① 소녀: 정말 미안해.
　소년: 괜찮아.

② 소녀: 이것은 무슨 색이지?
　소년: 이쪽으로 와.
③ 소녀: 점심 식사 어땠니?
　소년: 좋았지.
④ 소녀: 문 좀 열어 줄래?
　소년: 응, 그럴게.

- so　아주, 매우
- sorry　미안한, 유감스러운
- That's OK.　괜찮아. 〈사과에 대한 응답〉
- What color is ~?　~은 무슨 색이지?
- This way.　이쪽으로 오세요.
- please　제발 〈정중하게 말할 때〉
- How was ~?　~은 어땠니?
- Will you ~?　~해 줄래?

Reading Part

 34

---

qw**table**vurp**rose**ghiop**bat**uyhweg
　탁자　　　장미　　　방망이

- bike　자전거

 35

---

nsheor**hand**ufxzkj**fish**qpalq**car**hlav
　손　　　물고기　자동차

- conch　소라

 36

① new (새로운) – few (거의 없는, 적은)
② soft (부드러운) – hard (딱딱한)
③ big (큰) – large (큰)
④ cool (서늘한, 시원한) – cold (차가운)

37

① try (시도하다) – tried
② cut (자르다) – cut
③ give (주다) – gave
④ hope (희망하다) – hoped

38

그는 음악 듣는 것을 즐긴다.

- enjoy -ing　~하는 것을 즐기다
- listen to music　음악을 듣다

만약 네가 목이 마르다고 느낀다면, 뭔가를 (마셔라).

① 듣다   ② 보다   ③ 마시다   ④ 냄새 맡다

- if 만약 ~한다면
- feel 느끼다
- thirsty 목이 마른
- something 어떤 것, 무엇
- hear 듣다
- look 보다
- drink 마시다
- smell 냄새 맡다

그는 자기 양말을 찾는다.

① 그는 자기 양말을 본다.
② 그는 자기 양말을 신어 본다.
③ 그는 자기 양말을 훑어 본다.
④ 그는 자기 양말을 찾으려고 노력한다.

- look for ~ ~을 찾다
- sock 양말
- try out 시험 삼아 사용해보다
- look over 훑어 보다
- try to ~ ~하려고 노력하다
- find 찾다, 발견하다

제가 쿠키를 좀 먹어도 될까요?

① 말하는 사람은 쿠키를 많이 갖고 있다.
② 말하는 사람은 쿠키를 먹을 수 없다.
③ 말하는 사람은 쿠키를 좀 원한다.
④ 말하는 사람은 5월에만 쿠키를 먹는다.

- have 먹다, 마시다; 가지다
- some 약간의, 좀
- only 단지
- in May 5월에

A: 내 생일이 곧 돌아와.
B: 정말? 네 생일이 언제인데?
A: 이번 주 금요일.

① 이번 주 금요일.   ② 아주 많은 날들.
③ 오래 전.   ④ 2년 후에.

- birthday 생일
- soon 곧
- really 정말
- this Friday 이번 주 금요일
- day 날
- ago ~ 전에
- year 해, 년
- later 후에

A: 우리 피크닉 갈까?
B: 좋았어. 오늘 날씨가 어떠니?
A: 해가 났어.

① 그것은 시끄러워.   ② 해가 났어.
③ 그것은 값이 싸.   ④ 그것은 무거워.

- noisy 시끄러운
- sunny 해가 난, 화창한
- cheap 가격이 싼
- heavy 무거운

A: 여보세요, Larry니?
B: 누구세요?
A: 나는 Edward야.

① 나중에 전화 줘.
② 그는 여기에 없어.
③ 나는 Edward야.
④ 통화중입니다.

- Hello. 여보세요. 〈전화 대화〉
- Who's calling, please? (전화 거신 분은) 누구세요? 〈전화 대화〉
- call 전화하다
- be not here 여기에 없다
- This is ~. 나는 ~입니다. 〈전화 대화〉
- busy 바쁜
- The line is busy. 통화중입니다.

45

4. 너 내일 뭐 할 거니?
1. 나는 모르겠어.
3. 너 낚시 가고 싶니?
2. 그거 좋겠는데.

- I have no idea. 나는 모르겠어.
- sound ~하게 들리다
- great 멋진, 훌륭한, 근사한
- want to ~ ~하기를 원하다

- go fishing   낚시하러 가다
- be going to ~   ~할 예정이다
- tomorrow   내일

Writing Part

frog

- frog   개구리

apple

- apple   사과

A: 강 위에 있는 저건 뭐지? B: 그것은 배야.

- that   저것 〈단독으로 쓰일 때〉
- river   강
- on the river   강 위에
- boat   배, 보트

A: 너는 지난 주말에 어디에 갔니? B: 나는 내 친구들과 함께 서점에 갔어.

- last weekend   지난 주말에
- bookstore   서점, 책방
- go to a bookstore   서점에 가다
- with my friends   내 친구들과 함께

A: 하늘을 봐. B: 와, 아름다운 별이 하나 있네.

- Look at ~.   ~을 봐라.
- sky   하늘
- beautiful   아름다운
- star   별

실전모의고사 3

Listening Part
본문 90~107쪽

1 ②	2 ③	3 ②	4 ①
5 ④	6 ②	7 ③	8 ②
9 ①	10 ①	11 ④	12 ③
13 ②	14 ②	15 ④	16 ③
17 ②	18 ①	19 ④	20 ③
21 ②	22 ①	23 ①	24 ②
25 ③	26 ①	27 ③	28 ①
29 ④	30 ③	31 ③	32 ①
33 ①			

Reading Part

34 ④	35 ②	36 ③	37 ④
38 ④	39 ④	40 ④	41 ④
42 ①	43 ④	44 ③	45 ②

Writing Part

1 Money	2 bear	3 (r)ing	4 (d)octor
5 (l)ion			

Listening Part

A rabbit

- rabbit   토끼

A blackboard

- blackboard   칠판

A potato

- potato   감자

A round cake

둥근 모양의 케이크

• round   둥근, 원형의
• cake   케이크

Driving a car

자동차 운전하기

• drive   운전하다
• car   자동차

There are three dolls.

인형이 세 개 있다.

• There is[are] + 단수명사[복수명사].   ~이 있다.
• three   세 개
• doll   인형

He is making a kite.

그는 연을 만들고 있다.

• make   만들다
• kite   연

My dad is a firefighter.

우리 아빠는 소방관이시다.

• dad   아빠
• fire   불, 화재
• firefighter   소방관

Amy is wearing glasses.

Amy는 안경을 쓰고 있다.

• wear   착용하다
• glasses   안경

A picture is on the table.

그림 하나가 탁자 위에 있다.

• picture   그림, 사진
• on the table   탁자 위에

I went to the beach yesterday.

나는 어제 바닷가에 갔다.

• go to ~   ~에 가다 (go-went-gone)
• beach   바닷가, 해변
• yesterday   어제

B: I made a pumpkin pie. Try it.
G: Really? Where did you learn to make pies?
B: I learned at school.

소년: 내가 호박 파이를 만들었어. 이거 먹어 봐.
소녀: 정말? 너 어디서 파이 만드는 것을 배웠니?
소년: 나는 학교에서 배웠어.

• make   만들다
• pumpkin   호박
• pie   파이
• try   먹어 보다
• really   정말로
• Where did you ~?   너 어디에서 ~했니?
• learn to ~   ~하는 것을 배우다
• at school   학교에서
• food   음식

B: You are good at singing.
G: Thank you. I want to be a singer.
B: I think you'll be a great singer.

소년: 너는 노래를 잘 부르는구나.
소녀: 고마워. 나는 가수가 되고 싶어.
소년: 나는 네가 훌륭한 가수가 될 거라고 생각해.

- be good at ~   ~을 잘하다, ~에 소질이 있다
- want to be ~   ~가 되고 싶어 하다
- I think ~.   나는 ~라고 생각해.
- You'll (= You will) be ~.   너는 ~가 될 것이다.
- great   훌륭한, 위대한
- singer   가수

- dinner   저녁 식사
- brush   솔질하다
- teeth   이 (tooth의 복수)
- brush one's teeth   양치질하다
- before   ~하기 전에
- go to sleep   자다, 잠들다

G: Do you want to play tennis now?
B: Not now. I'm busy because I'm doing my English homework.
G: Okay. Tell me when you finish it.

소녀: 너 지금 테니스 치고 싶니?
소년: 지금은 아니야. 난 영어 숙제를 하고 있기 때문에 바빠.
소녀: 알겠어. 네가 그것을 끝내면 나에게 말해.

- want to ~   ~ 하기를 원하다
- play tennis   테니스를 치다
- now   지금
- busy   바쁜
- because   ~ 때문에
- do one's homework   숙제를 하다
- tell   말하다
- when   ~할 때
- finish   끝내다

M: Can you tell me what time it is?
W: Yes, it's 7:45.
M: Wow, it's almost 8. I should go home now.

남자: 몇 시인지 나에게 말해 주겠어?
여자: 응, 7시 45분이야.
남자: 와, 거의 8시가 되었네. 나는 지금 집에 가야 해.

- Can you tell me ~?   ~을 나에게 말해 주겠니?
- almost   거의
- should   ~해야 한다
- go home   집에 가다
- What time is it now?   지금 몇 시인가요?

G: It was a nice dinner, Dad.
M: Thanks. Brush your teeth before you go to sleep.
G: Okay, I'll do that now.

소녀: 근사한 저녁 식사였어요, 아빠.
남자: 고맙구나. 잠자기 전에 양치질을 하렴.
소녀: 알겠어요, 지금 그것을 할게요.

B: How do you usually go to school?
G: On foot. How about you?
B: By bicycle. You should try riding a bicycle. It's nice.
Q. How does the boy usually go to school?

소년: 너는 학교에 보통 어떻게 가니?
소녀: 걸어서. 너는 어떠니?
소년: 자전거로 가. 너는 자전거를 타 봐야 해. 멋지거든.
Q. 소년은 학교에 보통 어떻게 가나요?

- how   어떻게
- usually   보통, 대개
- go to school   등교하다, 학교에 가다
- on foot   걸어서, 도보로
- How about you?   너는 어떠니?
- by bicycle   자전거를 타고
- should   ~ 해야 한다
- try -ing   시험 삼아 ~해보다
- ride a bicycle   자전거를 타다

B: Did you go shopping last Sunday?
G: No, I didn't. I watched a movie with my family.
B: That sounds more interesting.
Q. What did the girl do last Sunday?

소년: 지난 주 일요일에 너 쇼핑 갔었니?
소녀: 아니, 안 갔어. 나는 내 가족과 함께 영화 봤어.
소년: 그거 더 재미있게 들리는데.
Q. 소녀는 지난 주 일요일에 무엇을 했나요?

- go shopping   쇼핑하러 가다
- last Sunday   지난 주 일요일
- watch a movie   영화를 보다
- with my family   내 가족과 함께
- sound   ~하게 들리다
- more interesting   더 재미있는

> G: Do you have this sweater in different colors?
> M: We have pink, blue and yellow sweaters.
> G: Can I try on a pink one?
> *Q. Where are the girl and the man now?*

소녀: 다른 색깔로 이 스웨터 있나요?
남자: 우리는 분홍색, 파란색, 그리고 노란색 스웨터가 있어요.
소녀: 내가 분홍색 것을 입어 봐도 될까요?
Q. 소녀와 남자는 지금 어디에 있나요?

- Do you have ~?   당신은 ~을 갖고 있나요?
- this   이 ~ 〈명사 앞에서〉
- different   다른
- Can I ~?   내가 ~해도 될까요?
- try on   ~을 입어보다
- a pink one   분홍색 것

> G: It's sunny outside. Why don't you play basketball with James?
> B: He went on a trip to Japan. I'll just play computer games.
> G: Okay. Have fun.
> *Q. What will the boy do after the conversation?*

소녀: 바깥에 해가 났어. James와 같이 농구하는 게 어때?
소년: 그는 일본으로 여행을 갔어. 나는 그냥 컴퓨터 게임을 할 거야.
소녀: 그래. 재미있는 시간을 보내.
Q. 소년은 대화가 끝난 뒤에 무엇을 할까요?

- sunny   해가 난
- outside   바깥에
- Why don't you ~?   너 ~하는 것이 어때?
- play basketball   농구를 하다
- go on a trip to ~   ~로 여행을 가다 (go-went-gone)
- just   단지, 그저
- play computer games   컴퓨터 게임을 하다
- have fun   재미있는 시간을 갖다
- after   ~ 후에
- conversation   대화

> (W) It is a small bug. It can fly with its four wings. Its wings usually have beautiful colors. It likes flowers and eats honey. You can often see it in spring. Can you guess what it is?

이것은 작은 벌레입니다. 이것은 자신의 네 개의 날개로 날 수 있습니다. 이것의 날개들은 대개 아름다운 색깔을 갖고 있습니다. 이것은 꽃을 좋아하고 꿀을 먹습니다. 당신은 종종 이것을 봄에 볼 수 있지요.

당신은 이것이 무엇인지 알아맞힐 수 있나요?

- small   작은
- bug   벌레
- can   ~할 수 있다
- fly   날다
- wing   날개
- usually   보통, 대개
- beautiful   아름다운
- color   색깔
- like   좋아하다
- flower   꽃
- eat   먹다
- honey   꿀
- often   종종, 자주
- spring   봄
- in spring   봄에
- guess   알아맞히다, 추측하다

> B: I can't find my key.
> G: Didn't you put it in your bag?
> B: I thought I put it in my jacket pocket. But it's not there.

소년: 나는 내 열쇠를 찾을 수가 없어.
소년: 너는 그것을 네 가방 속에 넣지 않았니?
소년: 나는 그것을 내 재킷 주머니 안에 넣었다고 생각했어. 하지만 그것은 거기에 없어.

① 그의 열쇠
② 그의 가방
③ 그의 펜
④ 그의 재킷

- can't   ~할 수 없다
- find   찾다
- key   열쇠
- put   두다, 놓다 (put-put-put)
- think   생각하다 (think-thought-thought)
- I thought ~   나는 ~라고 생각했다
- jacket   재킷
- pocket   주머니
- there   거기에
- look for   ~을 찾다

> G: How much is this cup?
> M: It was $10, but it is $5 only for today.
> G: That's great. I'll take it. Here is $5.

소녀: 이 컵은 가격이 얼마죠?

남자: 그것은 10달러였어요, 하지만 오늘만 5달러입니다.
소녀: 잘됐네요, 그것을 살게요. 여기 5달러예요.

① 5달러   ② 10달러
③ 15달러   ④ 20달러

• How much is ~?   ~은 가격이 얼마입니까?
• only   단지
• I'll take it.   그것으로 주세요. 〈물건 살 때〉
• Here is ~.   여기에 ~이 있어요.
• pay   지불하다

B: Excuse me, which bus goes to London City Library?
W: You can take the number 31 bus here.
B: Thank you very much.

소년: 실례합니다, 어느 버스가 런던 시립 도서관으로 가나요?
여자: 당신은 여기서 31번 버스를 타면 돼요.
소년: 정말 감사합니다.

① 도서관에
② 버스 정류장에
③ 교실에
④ 기차역에

• Excuse me. 실례합니다.
• which 어느, 어떤
• city 시
• library 도서관
• take (교통수단을) 타다
• number 번호
• bus stop 버스 정류장
• classroom 교실
• train station 기차역

G: I finished writing a card for grandfather.
M: Great, you can use this stamp.
G: Thanks. I'm going to the post office to send it now.

소녀: 저는 할아버지께 보낼 카드를 다 썼어요.
남자: 잘했어, 너는 이 우표를 써도 좋아.
소녀: 고마워요. 저는 지금 이것을 부치러 우체국에 갈게요.

① 우표 사기
② 카드 쓰기
③ 우체국 가기
④ 그녀의 할아버지 방문하기

• finish -ing   ~하는 것을 끝내다
• You can ~   너는 ~을 해도 좋다
• grandfather   할아버지
• use   사용하다
• stamp   우표
• be going to + 장소   ~에 갈 예정이다, ~에 가는 중이다
• post office   우체국
• send   보내다, 부치다
• now   지금
• visit   방문하다

Do you have a cap?

너는 모자가 있니?

① 응, 나는 있어.
② 아니, 그것은 그렇지 않아.
③ 아니, 나는 그러지 않을 거야.
④ 응, 너는 그래도 돼.

• Do you have ~?   너는 ~이 있니?
• cap   (앞부분에 챙이 달린) 모자

How old are you?

너는 몇 살이니?

① 친구와 함께.
② 학교 버스로.
③ 여덟 살.
④ 우리 집 근처에.

• old   나이가 ~인; 늙은
• near   ~ 근처에

What is your sister's name?

너의 누나 이름이 뭐니?

① 그녀의 이름은 Mindy야.
② 그녀의 취미는 스키야.
③ 그녀가 가장 좋아하는 색깔은 빨강이야.
④ 그녀의 생일은 내일이야.

• name   이름
• hobby   취미
• skiing   스키 (타기)

• favorite   가장 좋아하는
• tomorrow   내일

> Where is my umbrella?

내 우산이 어디에 있지?

① 그것은 10달러야.
② 그것은 아주 예뻐.
③ 오늘은 비가 내리고 있어.
④ 그것은 문 옆에 있어.

• Where is ~?   ~은 어디에 있지?
• umbrella   우산
• pretty   예쁜
• rain   비가 내리다
• next to ~   ~ 옆에
• door   문

> ① The boy is reading a book.
> ② The boy is sitting on the sofa.
> ③ The girl is wearing jeans.
> ④ The girl is looking into the mirror.

① 소년은 책을 읽고 있다.
② 소년은 소파에 앉아 있다.
③ 소녀는 청바지를 입고 있다.
④ 소녀는 거울을 보고 있다.

• read   읽다
• sit on the sofa   소파에 앉다
• wear   입다, 착용하다
• jeans   청바지
• mirror   거울
• look into the mirror   거울을 보다

> ① M: Can you help me?
>   W: Yes, I can.
> ② M: Please be quiet.
>   W: Okay, I will.
> ③ M: Let's play football.
>   W: You're welcome.
> ④ M: What day is it today?
>   W: It's Monday.

① 남자: 저를 도와줄 수 있나요?
   여자: 네, 그렇게 할 수 있어요.

② 남자: 제발 조용히 하세요.
   여자: 알겠어요. 그러죠.
③ 남자: 미식축구합시다.
   여자: 천만에요.
④ 남자: 오늘이 무슨 요일이죠?
   여자: 월요일이에요.

• quiet   조용한
• Be quiet.   조용히 하세요.
• Let's ~.   ~하자.
• play football   미식축구를 하다
• You're welcome.   천만에요 〈감사에 대한 답례〉
• What day is it today?   오늘이 무슨 요일이죠?
• Monday   월요일

> ① M: What are you doing?
>   W: I love my family.
> ② M: Where is your sister?
>   W: She's in her room.
> ③ M: Do you want more water?
>   W: Yes, please.
> ④ M: You look nice today.
>   W: Thank you.

① 남자: 당신은 뭘 하는 중인가요?
   여자: 나는 내 가족을 사랑합니다.
② 남자: 당신의 여동생은 어디에 있죠?
   여자: 그녀는 자기 방에 있어요.
③ 남자: 물 더 드릴까요?
   여자: 네, 부탁드려요.
④ 남자: 당신은 오늘 멋져 보이네요.
   여자: 감사합니다.

• Where is ~?   ~은 어디에 있니?
• want   원하다
• more   더 많은
• water   물
• look   ~하게 보이다
• nice   멋진, 근사한
• today   오늘

> ① M: How are you?
>   W: It's eight dollars.
> ② M: When will you go to Mexico?
>   W: Next Sunday.
> ③ M: I should go now.
>   W: I see. Goodbye.
> ④ M: May I speak to Carol?
>   W: Sorry, she is not here.

① 남자: 너 어떻게 지내니?
   여자: 그것은 8달러예요.

② 남자: 너 언제 멕시코에 갈 거니?
　　여자: 다음 일요일에.
③ 남자: 나는 지금 가야 해.
　　여자: 알겠어. 안녕.
④ 남자: Carol과 통화할 수 있을까요?
　　여자: 미안합니다, 그녀는 여기에 없어요.

- When will you ~?　너 언제 ~할 거니?
- next　다음의
- Sunday　일요일
- should　~해야 한다
- now　지금
- May I speak to ~?　~와 통화할 수 있을까요?, ~ 좀 바꿔 주시겠어요? 〈전화 대화〉
- be not here　여기에 없다

Reading Part

 34

skirtdgewlshirtdgwehatgiwqlshodgwq
치마　　　셔츠　　　모자

- hat　(테 있는) 모자　cf. cap (앞부분에 챙이 달린) 모자
- shoes　구두

 35

cupgaictgdeelseoqlforkgesqspoondgip
컵　　　　　　포크　　　숟가락

- dish　접시

 36

① nice (멋진) – big (큰)
② fun (재미있는) – easy (쉬운)
③ long (긴) – short (짧은)
④ happy (행복한) – small (작은)

 37

① give (주다) – gave
② buy (사다) – bought
③ have (갖고 있다) – had
④ bake (굽다) – baked

 38

나는 매일 저녁 음악을 (듣는다).

① 보다
② 가지고 가다
③ 마시다
④ 듣다

- listen to music　음악을 듣다
- every evening　매일 저녁
- take　가지고 가다

 39

날씨가 아주 덥네요. 창문을 (열어) 주시겠어요?

① 가다
② 팔다
③ 걷다
④ 열다

- so　아주
- hot　더운
- Can you ~?　~해 주시겠어요?
- window　창문
- sell　팔다
- walk　걷다
- open　열다

 40

나는 케이크 먹는 것을 아주 좋아해.

① 나는 정말 케이크를 싫어해.
② 나는 케이크를 조금 가지고 있어.
③ 나는 케이크가 좀 필요해.
④ 나는 케이크 먹는 것을 아주 많이 좋아해.

- love to ~　~하는 것을 아주 좋아하다
- really　정말로
- hate　아주 싫어하다
- some　약간의, 조금
- need　필요하다
- like to ~　~하는 것을 좋아하다
- very much　아주 많이

41

엄마는 나를 위해 저녁을 요리하신다.

① 엄마는 요리를 아주 잘 하신다.

② 엄마와 나는 저녁을 요리한다.
③ 엄마는 나와 같이 저녁을 드신다.
④ 엄마는 나를 위해 저녁을 만드신다.

- cook   요리하다
- dinner   저녁 식사
- well   잘
- eat dinner   저녁을 먹다 (= have dinner)
- make   만들다

A: 나는 밖에서 야구를 할 거야.
B: 너는 언제 집에 돌아올 거니?
A: 6시에.

- play baseball   야구를 하다
- outside   밖에서
- come back home   집으로 돌아오다
- have fun   재미있게 보내다
- on the playground   운동장에서

① 6시에.
② Ted랑 같이.
③ 재미있게 보내려고.
④ 운동장에서.

A: 가장 가까운 버스 정류장이 어디죠?
B: 저쪽에 저 장난감 가게 앞에 있어요.
A: 대단히 감사합니다.

① 정말 죄송해요. (= I'm so sorry.)
② 당신은 버스를 타셨네요.
③ 나는 새 장난감을 하나 샀어요.
④ 대단히 감사합니다.

- nearest   가장 가까운
- bus stop   버스 정류장
- in front of ~   ~의 앞에
- that   저 ~〈명사 앞에서〉
- toy store   장난감 가게
- over there   저쪽에
- take   (교통수단을) 타다 (take-took-taken)
- buy   (물건을) 사다 (buy-bought-bought)

A: 나는 대가족이 있어.
B: 너의 가족에는 몇 명의 사람들이 있니?
  (식구가 몇 명이나 되죠?)
A: 일곱 명이 있어.

① 너는 카드가 일곱 개 가졌구나.
② 그것은 7분이 걸려.
③ 일곱 명이 있어.
④ 나는 가방 일곱 개를 사고 싶어.

- large   큰
- large family   대가족
- how many ~   얼마나 많은 ~
- people   사람들
- take   (시간이) 걸리다
- minute   분〈시간 단위〉
- want to ~   ~하기를 원하다

2. 너는 시간이 있을 때 뭘 하기를 좋아하니?
1. 나는 보통 책을 읽어.
4. 너는 어떤 종류의 책들을 좋아하니?
3. 나는 역사책을 가장 좋아해.

- usually   보통, 대개
- read   읽다
- time   시간
- have time   시간이 있다
- history   역사
- the most   가장 (= most)
- what kind of ~   어떤 종류의 ~

Writing Part

Money

- money   돈

A bear

- bear   곰

35

A: 너의 손가락에 있는 그것은 뭐니?
B: 그것은 반지야. 엄마가 그것을 나에게 주셨어.

- finger   손가락
- ring   반지
- give A to B   A를 B에게 주다 (give-gave-given)

A: 너의 아버지는 어떤 일을 하시니?
B: 우리 아버지는 의사이셔.

- What does your father do?   너의 아버지는 어떤 일을 하시니?
  (= 너의 아버지 직업이 뭐니?)
- doctor   의사

A: 저 사자를 봐.
B: 와. 저것은 무서워 보이네!

- Look at ~.   ~을 봐라.
- lion   사자
- look   ~하게 보이다
- scary   무서운

실전모의고사 4

Listening Part

본문 110~127쪽

1 ④	2 ②	3 ①	4 ②
5 ③	6 ④	7 ①	8 ②
9 ④	10 ④	11 ①	12 ①
13 ②	14 ④	15 ②	16 ③
17 ②	18 ④	19 ③	20 ①
21 ④	22 ②	23 ③	24 ④
25 ③	26 ②	27 ③	28 ③
29 ③	30 ②	31 ①	32 ①
33 ④			

Reading Part

34 ③	35 ④	36 ③	37 ③
38 ④	39 ④	40 ③	41 ③
42 ①	43 ③	44 ①	45 ③

Writing Part

1 glass   2 train   3 (b)read   4 (c)ook
5 (v)ase

Listening Part

A tiger

- tiger   호랑이

A desk

- desk   책상

A carrot

- carrot   당근

4

A smiling baby

미소 짓는 아기

• smile   미소 짓다
• baby   아기

 5

Riding a horse

말 타기

• ride   타다
• horse   말

 6

There are six eggs.

계란이 여섯 개 있다.

• There is[are] + 단수명사[복수명사].   ~이 있다.
• six   여섯 개
• egg   계란

 7

My uncle is a policeman.

나의 삼촌은 경찰관이다.

• uncle   삼촌
• policeman   경찰관

 8

A bird is flying in the sky.

새 한 마리가 하늘을 날고 있다.

• bird   새
• fly   날다
• sky   하늘

 9

I like drawing mountains.

나는 산을 그리는 것을 좋아한다.

• like -ing   ~하는 것을 좋아하다
• draw   (연필이나 펜으로) 그리다
• mountain   산

 10

My shoes are on the box.

내 신발이 상자 위에 있다.

• shoes   신발, 구두
• on the box   상자 위에

 11

Eva is standing in the living room.

Eva는 거실에 서 있다.

• stand   서다
• living room   거실

 12

G: Aw … I didn't bring my pencil today.
B: I have two pencils. You can use mine.
G: Thank you.

소녀: 에이… 나는 오늘 연필을 가져 오지 않았네.
소년: 나는 연필이 두 자루 있어. 너 내 것을 쓰면 되겠다.
소녀: 고마워.

• didn't   ~하지 않았다 (do-did-done)
• bring   가져 오다
• today   오늘
• I have ~.   나는 ~을 갖고 있다.
• You can ~.   너는 ~해도 돼.
• use   사용하다
• mine   내 것
• borrow   빌리다
• from   ~로부터

B: Why do you study science so hard?
G: Because I want to be a scientist.
B: Wow, that sounds cool.

소년: 왜 너는 과학을 그렇게 열심히 공부하지?
소녀: 나는 과학자가 되고 싶기 때문이지.
소년: 와, 그것 멋지게 들린다.

- why   왜
- study   공부하다
- science   과학
- so   그토록; 아주
- hard   열심히
- because   왜냐하면, ~ 때문에
- want to be ~   ~가 되고 싶어 하다
- scientist   과학자
- sound   ~하게 들리다
- cool   멋진, 훌륭한

G: Hurry up. It's almost 1 o'clock.
B: Tell me what time it is.
G: It's 12:50.

소녀: 서둘러. 거의 1시가 다 되었어.
소년: 나에게 몇 시인지 말해줘.
소녀: 12시 50분이야.

- Hurry up.   서둘러라.
- almost   거의
- tell   말하다
- o'clock   ~시

15

G: Ted, are you studying now?
B: No, not now. I'm just listening to music.
G: Then, will you take a walk to the park with me?

소녀: Ted, 지금 공부 중이니?
소년: 아니, 지금은 아니야. 나는 단지 음악을 듣고 있을 뿐이야.
소녀: 그러면, 나와 같이 공원으로 산책하러 갈래?

- Are you -ing?   너 ~하고 있는 중이니?
- not now   지금은 아니다
- just   단지, 그저
- listen to music   음악을 듣다
- then   그러면
- Will you ~?   너 ~할래?
- take a walk   산책하다

- park   공원
- with me   나와 함께

G: Dad, I finished cleaning the windows.
M: You did a good job. Please wash your hands, and I'll make lunch.
G: Okay, I will.

소녀: 아빠, 저는 창문 닦는 것을 끝마쳤어요.
남자: 잘 했어. 손을 씻어라, 그러면 나는 점심을 만들게.
소녀: 알겠어요, 그럴게요.

- finish -ing   ~을 끝내다
- clean   깨끗이 하다, 청소하다
- do a good job   일을 잘 해내다 (do-did-done)
- wash   씻다
- make   만들다
- lunch   점심 식사

B: Excuse me, could you take my order?
W: Yes, what would you like to have?
B: I'd like to have a steak and salad.
Q. Where are the boy and the woman now?

소년: 실례합니다, 제 주문을 받으시겠어요?
여자: 네, 무엇으로 드시겠어요?
소년: 스테이크 한 개와 샐러드를 먹을게요.
Q. 소년과 여자는 지금 어디에 있나요?

- Excuse me.   실례합니다.
- Could you ~?   ~해 주시겠어요?
- take my order   나의 주문을 받다
- What would you like to ~?   무엇을 ~하고 싶으세요?
- have   먹다, 마시다
- I'd (= I would) like to ~   나는 ~하고 싶다
- steak   스테이크
- salad   샐러드

G: Do you live near our school?
B: Yes, so I usually walk to school.
G: Me, too. We should go to school together sometime later.
Q. How does the girl usually go to school?

소녀: 너는 우리 학교 근처에 사니?
소년: 응, 그래서 나는 대개 학교에 걸어 가.
소녀: 나도 그래. 우리는 언젠가 나중에 학교에 같이 가게 될거야.

Q. 소녀는 학교에 대개 어떻게 가나요?

• live   살다
• near   ~ 근처에
• usually   대개, 보통
• walk to ~   ~로 걸어가다
• Me, too.   나도 그래.
• should   아마 ~할 것이다
• go to school   학교에 가다, 등교하다
• together   함께, 같이
• sometime   언젠가
• later   나중에

B: Can you go swimming with me today?
G: Sorry, but I can't. I have to do my math homework this afternoon.
B: Oh, I see. That's OK.
Q. *What will the girl do this afternoon?*

소년: 너 오늘 나와 함께 수영하러 갈 수 있니?
소녀: 미안하지만, 나는 갈 수가 없네. 나는 오늘 오후에 수학 숙제를 해야 해.
소년: 오, 알겠어. 괜찮아.
Q. 소녀는 오늘 오후에 무엇을 할까요?

• go swimming   수영하러 가다
• have to ~   ~해야 한다
• math homework   수학 숙제
• this afternoon   오늘 오후에
• I see.   알겠어.
• That's OK.   괜찮아.

G: Isn't your grandmother's birthday coming up?
B: Yes, so I bought a scarf for her last Sunday.
G: She would be so happy.
Q. *What did the boy do last Sunday?*

소녀: 너의 할머니 생신이 다가오고 있지 않니?
소년: 그래, 그래서 나는 할머니 드리려고 지난 주 일요일에 스카프를 하나 샀어.
소녀: 할머니가 아주 행복해 하시겠네.
Q. 소년은 지난 주 일요일에 무엇을 했나요?

• grandmother   할머니
• come up   (날짜가) 다가오다
• buy   사다 (buy-bought-bought)

• last Sunday   지난 주 일요일
• would be ~   ~일 것이다

(W) You wear this when you play baseball. If you wear it on your hand, you can catch the ball easily. It is usually thick and brown. Can you guess what it is?

당신은 야구를 할 때 이것을 착용합니다. 만약 당신이 이것을 손에 끼면, 당신은 공을 쉽게 잡을 수 있습니다. 이것은 대개 두껍고 갈색입니다. 이것이 무엇인지 알아맞힐 수 있나요?

• wear   입고[쓰고/끼고/신고/착용하고] 있다
• play base ball   야구를 하다
• if   만약 ~ 한다면
• catch   잡다
• easily   쉽게
• usually   대개, 보통
• thick   두꺼운
• brown   갈색의
• guess   알아맞히다, 짐작하다

M: Jenny, try this yellow shirt. You'll look cute.
G: Well… I want to try this pink shirt instead. Pink is my favorite color.
M: All right.

남자: Jenny, 이 노란색 셔츠를 입어 보렴. 네가 귀여워 보일 거야.
소녀: 음… 대신 이 분홍색 셔츠를 입어보고 싶어요. 분홍색이 제가 가장 좋아하는 색이거든요.
남자: 알겠어.

① 빨간색
② 분홍색
③ 파란색
④ 노란색

• try   입어 보다
• look   ~하게 보이다
• cute   귀여운
• instead   대신에
• favorite   가장 좋아하는
• color   색, 색깔
• All right.   알겠어.

B: I'm so bored.
W: Why don't you go to the library and read some books there?
B: That's a good idea. I'll do that now.

소년: 저는 아주 따분해요.
여자: 너는 도서관에 가서 거기에서 책을 좀 읽는 것이 어떻겠니?
소년: 그거 좋은 생각이네요. 제가 그것을 지금 할게요.

① 공원으로
② 바닷가로
③ 도서관으로
④ 서점으로

• so   아주, 매우
• bored   따분해 하는
• Why don't you ~?   너 ~하는 게 어때?
• go to the library   도서관에 가다
• there   거기에서
• after   ~ 후에
• conversation   대화
• park   공원
• beach   바닷가, 해변
• bookstore   서점, 책방

G: Dad, I want to invite twelve friends to my birthday party.
M: Do you want to invite more than 10 friends?
G: Yes. Please say "Yes," Dad.

소녀: 아빠, 저는 제 생일 파티에 친구 열두 명을 초대하고 싶어요.
남자: 네가 열 명이 넘는 친구를 초대하고 싶다고?
소녀: 네. 제발 "그래라"라고 말해주세요, 아빠.

① 1명
② 2명
③ 10명
④ 12명

• want to ~   ~하기를 원하다
• invite A to B   A를 B에 초대하다
• birthday party   생일 파티
• more than ~   ~보다 많이, ~ 이상
• please   제발
• say   말하다

W: Can you clean your sister's room after dinner?
B: OK, but may I do that after I call my friend, Jason?
W: Sure, you may. Thanks, Philip.

여자: 저녁 식사 후에 네 여동생 방을 청소해 줄 수 있겠니?
소년: 알겠어요, 하지만 제 친구 Jason에게 전화한 후에 그 일을 해도 되나요?
여자: 물론이지, 그래도 된단다. 고마워, Philip.

① 친구에게 전화하기
② 저녁 식사 준비하기
③ 방 청소하기
④ 그의 여동생과 같이 공부하기

• clean   청소하다
• room   방
• after   ~ 후에
• dinner   저녁 식사
• but   그러나, 하지만
• May I ~?   내가 ~해도 되나요?
• call   ~에게 전화하다
• Sure.   물론이지.
• woman   여자
• ask   청하다, 부탁하다
• study   공부하다

Did you have breakfast?

너 아침 식사 했니?

① 응, 나 그래.
② 응, 나 그랬어.
③ 아니, 그것은 그렇지 않았어.
④ 아니, 너 그러면 안 돼.

• Did you ~?   너 ~했니?
• have breakfast   아침 식사를 하다

What is the weather like today?

오늘 날씨가 어떠니?

① 그것은 작아.
② 금요일이야.
③ 날씨가 흐려.
④ 크리스마스야.

- weather 날씨
- What is the weather like? 날씨가 어떠니?
  (= How is the weather?)
- today 오늘
- small 작은
- Friday 금요일
- cloudy 구름이 낀, 흐린

When does the show start?

공연은 언제 시작하니?

① 너를 위해서.
② 공연에서.
③ 7시에.
④ 운동장에서.

- when 언제
- start 시작하다
- for ~을 위해서
- at 7 o'clock 7시에
- playground 놀이터, 운동장

What is your brother's hobby?

네 형의 취미가 뭐지?

① 그는 아주 친절해.
② 그는 형제가 둘 있어.
③ 그는 테니스 치는 것을 좋아해.
④ 그는 중학교에 다녀.

- brother 형, 오빠, 남동생
- hobby 취미
- kind 친절한
- like to ~ ~하는 것을 좋아하다
- play tennis 테니스를 치다
- middle school 중학교

① The girl is wearing a skirt.
② The girl is writing a letter.
③ The boy is sitting on a bench.
④ The boy is giving food to a dog.

① 소녀는 치마를 입고 있다.
② 소녀는 편지를 쓰고 있다.

③ 소년은 벤치에 앉아 있다.
④ 소년은 개에게 음식을 주고 있다.

- wear 입고[쓰고/끼고/신고/착용하고] 있다
- write 쓰다
- letter 편지
- sit on ~에 앉다
- bench 벤치
- give A to B A를 B에게 주다
- food 음식

① M: Are you from Japan?
   W: Yes, it is.
② M: What is it in your hand?
   W: It's my camera.
③ M: How are you?
   W: I'm fine.
④ M: Will you close the door?
   W: OK, I will.

① 남자: 당신은 일본에서 왔나요?
   여자: 예, 그것은 그래요.
② 남자: 당신의 손에 있는 그것은 뭐죠?
   여자: 그것은 제 카메라입니다.
③ 남자: 당신은 어떻게 지내시나요?
   여자: 저는 잘 지내요.
④ 남자: 문을 닫아 주시겠어요?
   여자: 알았어요, 그러죠.

- be from ~ ~ 출신이다, ~에서 왔다
- close 닫다
- door 문

① M: Where were you?
   W: In the morning.
② M: Who is he?
   W: He is my cousin.
③ M: Have a good weekend.
   W: Thank you.
④ M: Do you want some more water?
   W: Yes, please.

① 남자: 너는 어디에 있었니?
   여자: 아침에.
② 남자: 그는 누구지?
   여자: 그는 내 사촌이야.

③ 남자: 주말 잘 보내.
　여자: 고마워.
④ 남자: 너 물 좀 더 줄까?
　여자: 응, 부탁해.

- Where were you?　너 어디에 있었니?
- in the morning　아침에
- cousin　사촌
- weekend　주말
- some more　좀 더 많은
- water　물

① M: Is this a guitar?
W: No, it's a violin.
② M: Glad to meet you.
W: Glad to meet you, too.
③ M: How old is Ryan?
W: He is 14 years old.
④ M: When did you buy this?
W: With my mom.

① 남자: 이것이 기타인가요?
　여자: 아니요, 그것은 바이올린이에요.
② 남자: 만나서 반갑습니다.
　여자: 저도 만나서 반갑습니다.
③ 남자: Ryan이 몇 살인가요?
　여자: 그는 14살이에요.
④ 남자: 당신은 이것을 언제 샀나요?
　여자: 내 엄마랑 같이요.

- guitar　기타
- violin　바이올린
- glad　기쁜
- meet　만나다
- too　역시, 또한
- How old is ~?　~은 몇 살인가요?
- When did you ~?　당신은 언제 ~했나요?
- buy　사다
- with　~와 함께
- mom　엄마

Reading Part

apple<u>osk</u>**grape**sbslwatenemogwle**strawberry**dge
사과　　　포도　　　　　　　　딸기

- watermelon　수박

<u>ant</u>eqhtroil**butterfly**qoq**bee**qtghgostygspadrlawei
개미　　　나비　　　벌

- spider　거미

① fast (빠른) – first (최초의)
② big (큰) – heavy (무거운)
③ dirty (더러운) – clean (깨끗한)
④ sleepy (졸린) – happy (행복한)

① eat (먹다) – ate
② feel (느끼다) – felt
③ wash (씻다) – washed
④ come (오다) – came

나는 이번 주말에 산에 (오를) 것이다.

① 놓다, 두다
② 듣다
③ 자라다, 키우다
④ (산에) 오르다

- I'll ~　나는 ~할 것이다
- mountain　산
- this weekend　이번 주말에
- put　놓다, 두다
- hear　듣다
- grow　자라다, 키우다
- climb　(산에) 오르다

비가 내리기 시작했다, 그래서 나는 나의 (우산)을 폈다.

① 책
② 라디오
③ 손목시계
④ 우산

- start -ing　~하기 시작하다
- rain　비가 내리다
- open　펴다, 열다 (open-opened-opened)
- watch　손목시계
- umbrella　우산

나는 축구를 가장 좋아해.

① 나는 축구 선수야.
② 나는 축구를 아주 잘 할 수 있어.
③ 축구는 내가 가장 좋아하는 운동이야.
④ 나는 축구 선수가 되고 싶어.

• like   좋아하다
• soccer   축구
• most   가장 많이
• soccer player   축구 선수
• very well   아주 잘
• favorite   가장 좋아하는
• want to be ~   ~가 되고 싶어 하다

그는 방 안에 있는 모든 책을 읽었다.

① 그는 방 안에 책을 한 권 놓아 두었다.
② 그는 방 안에 있는 일부 책들을 읽었다.
③ 그는 방 안에 있는 책을 모두 읽었다.
④ 그는 방 안에 있는 많은 책을 썼다.

• read   읽다 (read-read-read)
• every   모든
• put   놓다, 두다 (put-put-put)
• in the room   방 안에 있는
• all the books   모든 책들, 책들 모두
• write   쓰다 (write-wrote-written)
• many   많은

A: 나는 집에 고양이가 한 마리 있어.
B: 그 고양이의 이름이 뭐야?
A: 그것은 Mary야.

① 그것은 Mary야.
② 그들은 아주 귀여워.
③ 나는 애완동물 갖는 것을 좋아해.
④ 그들은 동물원에 갔어.

• cat   고양이
• in my house   내 집에
• name   이름
• so   아주
• cute   귀여운
• like -ing   ~하는 것을 좋아하다

• pet   애완동물
• zoo   동물원

A: 내 누나는 내 생일에 나에게 인형을 사 줄 거야.
B: 네 생일이 언제니?
A: 8월 15일이야.

① 나는 누나가 한 명 있어.
② 나는 파티를 열 거야.
③ 8월 15일이야.
④ 나는 대전에서 태어났어.

• buy A for B   B에게 A를 사 주다
• doll   인형
• on my birthday   내 생일에 (날짜/특정일 앞에 on)
• have a party   파티를 열다
• was born in ~   ~에서 태어났다

A: 나는 휴가 기간 동안에 일본에 갈 거야.
B: 너는 거기에서 얼마나 머물 예정이니?
A: 일주일 동안.

① 일주일 동안.
② 비행기로.
③ 나의 가족과 함께.
④ 오후 5시에.

• be going to + 장소   ~로 갈 예정이다, ~로 가고 있다
• Japan   일본
• during   ~ 동안
• vacation   휴가, 방학
• how long ~   얼마나 오래 ~
• stay   머물다
• there   거기에(서)
• for   ~ 동안
• week   주, 일주일
• by airplane   비행기로
• family   가족
• at 5   5시에
• in the afternoon   오후에

45

4. 너 Jack의 전화번호를 아니?
3. 응. 왜?
1. 영어 숙제에 대해 물어 보고 싶어.
2. 알겠어. 322-95020야.

• want to ~   ~하고 싶어 하다

• ask about ~   ~에 대해 묻다
• homework   숙제
• I see.   알겠어.
• why   왜
• Do you know ~?   너 ~을 알고 있니?
• phone number   전화번호

Writing Part

A glass

• glass   유리잔

A train

• train   기차

A: 너 아침 식사로 뭐 먹었니?
B: 나는 약간의 빵과 우유를 먹었어.

• What did you ~?   너 무엇을 ~했니?
• eat   먹다 (eat-ate-eaten)
• for breakfast   아침 식사로
• some   약간의
• bread   빵
• milk   우유

A: 나는 엄마와 함께 음식 요리하는 것을 좋아해.
B: 그것 멋지다. 너는 어떤 음식을 만들 수 있는데?

• like to + 동사원형   ~하는 것을 좋아하다
• cook   요리하다
• food   음식
• great   훌륭한, 멋진
• make   만들다

5

A: 왜 너는 저 꽃병을 들고 있니?
B: 나는 그 안에 꽃을 좀 넣을 거야.

• hold   잡고[들고] 있다
• that   저 ~〈명사 앞에서〉
• vase   꽃병
• put   두다, 놓다
• some   약간의
• flower   꽃
• in it   그것 안에